Carnes

Cocinar mejor que nunca

Carnes

El gran libro de cocina ilustrado a todo color

Con las mejores recetas creadas por Elke Alsen, Cornelia Adam, Marey Kurz, Brigitta Stuber y Annette Wolter

Dirección editorial
Annette Wolter

Fotografías en color
Odette Teubner

EDITORIAL EVEREST, S. A.
MADRID • LEON • BARCELONA • SEVILLA • GRANADA • VALENCIA
ZARAGOZA • LAS PALMAS DE GRAN CANARIA • LA CORUÑA
PALMA DE MALLORCA • ALICANTE – MEXICO • BUENOS AIRES

En este libro encontrará

Asados festivos

Platos delicados de la cocina fría

Trinchar bien la carne

Los cortes de la carne

El índice del libro de la A a la Z

Las recetas ordenadas por tipos de carne

Carne picada

Despojos

Carne de ternera

Cordero

Carne de buey

Carne de cerdo

Venado

Recetas famosas

Especialidades internacionales

Platos económicos

Platos rápidos

Recetas integrales

Sobre este libro

Este nuevo libro de cocina dedicado a la carne, con ilustraciones a todo color, entusiasmará con su extraordinaria variedad de recetas a todos los que aprecian la carne y son muy exigentes en cuanto a su calidad. Las recetas de este libro, experimentadas por autores competentes, constituyen un tesoro para elaborar exquisitos platos de carne, rápidos, famosos, económicos y para las grandes ocasiones.

Las recetas, que pueden apreciarse en su totalidad en fotografías a todo color, especialmente preparadas para este libro, serán sin duda en la primera ojeada una gran tentación para probar. Todas las recetas están descritas de forma tan sencilla y sin complicaciones, que incluso las personas con poca práctica tendrán éxito desde un principio. Asar al horno, guisar, asar a la parrilla o cocer resulta divertido y fácil. Las referencias al tiempo necesario de preparación y cocción que figuran al final de las recetas, hacen posible una planificación práctica, sobre todo cuando se trata de un menú. Las personas conscientes de la importancia de la salud se sentirán satisfechas con los datos sobre los valores nutritivos de las recetas (julios/calorías, proteínas, grasas, hidratos de carbono), pues con su ayuda pueden confeccionarse comidas equilibradas en cuanto a fisiología alimenticia. Las indicaciones impresas en rojo en cada receta, destacan si un plato es económico o de coste medio, si es fácil o elaborado, destacando las recetas clásicas o las especialidades.

En la página 9 nos ocupamos ya detalladamente del tema «La calidad de la carne». Para el conocimiento detallado y profundo de los cortes de la carne aparecen a partir de la página 124, fotografías de las diferentes partes de las reses. Un maestro carnicero titulado estuvo presente durante la toma de fotografías en el estudio fotográfico Teubner, siendo responsable del descuartizado y el corte profesional. Las fotos se hicieron con el asesoramiento crítico especializado del maestro carnicero Dipl. Ing. Anger. Queremos agradecer aquí muy cordialmente esta ayuda esencial. Las páginas informativas de la mercancía sirven para apoyar con mayor claridad las explicaciones de la página 9, y son una ayuda para la compra, algo difícil, de carne de primera calidad.

Las recetas están divididas en cuatro capítulos. Empezamos con «Carnes rápidas preparadas en sartén», que nos ofrece platos de ejecución rápida. Son especialmente importantes para aquellos hogares en los que se dispone de poco tiempo para la preparación de las comidas, sirviéndose filetes, chuletas, bistecs o broquetas, preferentemente con ensalada fresca o verduras tiernas. Las «Deliciosas carnes guisadas», figuran en el capítulo siguiente y son muy apreciadas por los gourmets. Aquí encontrará carnes en los delicados fricasés, los guisos refinados, las creaciones con carnes en tiritas o troceadas y los sabrosos guisos en cazuela. También encontrará en este capítulo famosas especialidades como el goulasch con pimientos.

Siguen los «Asados festivos», que no podían faltar en este libro, sobre todo si se trata del rosbif, del solomillo Wellington, del Chateaubriand, la riñonada de ternera asada o el lomo de liebre con salsa crema al enebro. EL cuarto capítulo nos ofrece los «Platos delicados de cocina fría». Aquí encontrará platos fríos con atractivas guarniciones. Bistec tártaro en nido de berros con huevos de codorniz, terrinas y hojaldres rellenos. Todo ello muy apropiado para el bufet frío, pero también para cenas o un picnic especial.

Para que al manipular la carne en la cocina pueda hacerlo siempre correctamente, le mostramos en múltiples fotografías paso a paso, qué es lo que tiene que tener en cuenta al empanar, cómo debe hacer una cavidad en la carne para rellenar, cómo se prepara un Cordon bleu y cómo puede conservarse bien la forma de los rollos. Además explicamos de palabra y en imagen la preparación de un rosbif, de un rollo de carne relleno, cómo se maneja la telilla para recubrir el cerdo, cómo se albardilla fácilmente y se ata una pieza. Se explica todo lo que debe saber de los bistecs y sus diferentes grados de cocción, así como la preparación correcta de los despojos. Asimismo, para que aprenda a presentar correctamente los magníficos asados, encontrará al final de los capítulos de recetas un curso de trinchado, también con fotografías paso a paso. Una tabla detallada de los diferentes tiempos de asado le ayudará en la cocción de las diferentes piezas y le indicará al mismo tiempo la forma de graduar la cocina eléctrica y la cocina a gas.

Busque la inspiración en las tentadoras fotografías en color de este libro, en un buen trozo de carne de la carnicería, en los deseos culinarios de su familia, de sus amigos, o sus propias apetencias. Encontrará recetas para su «carne favorita», bien en el índice ordenado por los tipos de carne, o en el de recetas. Si lo que desea es recordar algún placer de sus vacaciones, busque la inspiración bajo el epígrafe «especialidades».

Le deseamos mucho placer al probarlo, mucho éxito y buen provecho
Annette Wolter
y todos los colaboradores.

Si no se indica lo contrario, todas las recetas están calculadas para 4 personas. Por cierto, que las abreviaturas kJ y kcal de las recetas significan kilojulios y kilocalorías.
La crema de leche agria se prepara añadiendo a la normal unas gotas de limón o vinagre.

Valor y calidad de la carne

La carne no es sólo un alimento importante, sino también muy apreciado. Muchos habitantes de los países industrializados no son capaces de imaginarse una comida sin carne.

El pro y el contra

El valor de salubridad de la carne está definido: la carne proporciona proteínas, imprescindibles para el mantenimiento de los procesos vitales. Es especialmente favorable la absorción del hierro procedente de la carne por parte del organismo. La carne tiene un alto valor de saturación y proporciona además, según el tipo, cantidades variables de minerales y vitaminas. Sin embargo, en los últimos años se han difundido noticias peyorativas sobre la carne. Por ejemplo, el problema del colesterol, o la mala fama que ha adquirido la ternera, debida a métodos de cebado perjudiciales. También disminuyó el atractivo de los despojos, ya que se les atribuye la concentración de los venenos del medio ambiente. El consumidor puede influir en la crianza, alimentación, etc., insistiendo en adquirir sólo carne de calidad, rechazando ciertas ofertas y reduciendo su consumo de carne. El lema del doctor Wendt, especialista en nutrición, respecto a la cantidad correcta de carne en nuestra alimentación es: una comida al día sin carne, un día a la semana sin carne, una semana sin carne al mes y un mes sin carne al año.

Carne de vacuno

En la carne de vacuno hay que distinguir entre la carne de toro, de novillo, de vaca, de buey y de ternera. La carne de mayor calidad es la de los novillos y reses afamadas como las razas de Rassen, Aberdeen, Angus, Charolais, Highland, Galloway, Limousin y Ávila, Galicia y Gerona en España. También los toros jóvenes con alto grado de recubrimiento intramuscular proporcionan una calidad de carne satisfactoria. Esto no sucede con los novillos especialmente magros. Su carne es de fibra alargada y seca, lo que resulta perjudicial a la hora de asarla. La carne más apropiada para los asados rápidos es la de fibra corta, entreverada de grasa y de color rojo oscuro. En la calidad influyen también el grado de cebado y la configuarción de la carne, así como la edad y el sexo de las reses. Además, una matanza realizada con cuidado influye en la maduración posterior de la carne (colgado), siendo esenciales el tiempo, la temperatura y la humedad ambiente correctos.

Carne de ternera

Las reses jóvenes, machos o hembras hasta la edad de 5 meses, se denominan terneras, aunque se hagan pasar por este nombre animales de edad más avanzada. La ternera típica de crianza tiene de 4 a 5 meses. La carne de ternera es rosada o roja amarillenta y, en los casos de crianza con poca leche, es magra y de fácil digestión. La ternera sólo necesita unos días para madurar, no tiene que estar colgada tanto tiempo como la carne de buey o vaca. Como en todos los animales de consumo, la calidad de la carne de las terneras dependerá también de su raza. Son también criterios importantes la forma de crianza, la alimentación y el método de crianza.

Carne de cerdo

Los cerdos se matan cuando alcanzan un peso cercano a los 100 kg y a los seis meses de edad. La carne de cerdo tiene menos tejido conjuntivo que la de vacuno, por lo que no necesita la maduración por medio del colgado. El exceso de oferta de carne de cerdo en el mercado ha originado una reacción favorable por parte de muchos criadores. Existen hoy criaderos y empresas ganaderas que crían y alimentan los cerdos de acuerdo con directrices que favorecen la calidad. El corte de los animales alimentados con bellotas es de un rojo fresco, entreverado por ligeras venas de grasa. El tocino de la carne de cerdo deberá ser claro y firme. Cuando la carne de cerdo es totalmente magra, rosa clara y brillante pertenece a la calidad PSE. PSE significa: P = pale (pálida), S = soft (blanda) y E = exudativ (acuosa).

Carne de ovino

Carne de ovino es el nombre genérico de la carne de corderos, carneros y ovejas. Los corderos se dividen en corderos lechales, que tienen menos de ocho semanas y no han sido destetados, y corderos pascuales, alimentados durante cinco o siete meses y nacidos en las proximidades de la Navidad. La carne de los corderos lechales es rosa claro y la de los pascuales color salmón; la grasa del cordero es blanca. La carne de carnero procede de animales jóvenes, machos y hembras, que han sido castrados o no han parido, siendo menores de 2 años. La La carne de oveja procede de animales mayores de 2 años. Su carne es rojo oscuro y su grasa amarilla. La carne de oveja puede adquirirse muy raramente.

La compra de la carne

Antes de proceder a la compra de carne infórmese en las páginas 124 y siguientes. Allí tiene reproducidas en color todas las partes de animales de consumo que se ofrecen en el mercado, de la mejor calidad. Los textos que acompañan a las fotografías le indican para qué tipo de preparación y para qué técnica de cocción sirve cada pieza.

Conservación correcta de la carne

La carne fresca deberá conservarse en la zona más fría del frigorífico. La carne picada y los despojos deben prepararse el mismo día de su compra. La carne de vaca se conserva sin envoltura en una fuerte tapada pero sin cerrar herméticamente, durante 2 días. La carne de vacuno recién sacrificada puede dejarse madurar de esta forma, untada con aceite de 3 a 5 días. Las carnes de ternera joven, cordero y cerdo no deberían permanecer en el frigorífico más de 24 horas.

Preparar bien la carne

Empanar escalopes

Un empanado bien doradito hecho con harina, huevos y pan rallado impide que la carne tierna se seque. El empanado quedará más delicioso si mezcla queso rallado con el pan rallado, o especias con la harina. Para que el empanado se adhiera bien, seque cuidadosamente la carne. Sale los escalopes y enharínelos inmediatamente.

Pase ambos lados de los escalopes por huevo batido con agua. El agua mantiene blando el empanado.

Hacer una cavidad para rellenar

Un relleno da un sabor adicional a la carne y aumenta las porciones. Son apropiados todos aquellos ingredientes que no maten el sabor de la carne: queso, jamón, hierbas, huevos, pan rallado o pan tierno.

En los filetes de carne grandes y finos no haga ninguna cavidad; coloque el relleno en una de las mitades, doble después la carne y sujétela con palillos.

Cordon bleu

La combinación de un relleno sabroso y un empanado dorado es una forma de preparación especialmente delicada. El clásico Cordon bleu se rellena con lonchas finas de jamón cocido y queso emmental. Las lonchas del relleno deberán tener un tamaño ligeramente menor que los filetes.

Seque bien 2 filetes de ternera finos, salpiméntelos y cubra uno con una loncha de jamón y otra de queso y, si lo desea, añada una loncha de pepinillo en vinagre.

Hacer paquetes

Un método muy apreciado para dar mayor variedad a los platos de carne es rellenar, enrollar y empaquetar filetes finos. Para los paquetes de ternera o cerdo, lo más apropiado es utilizar carne magra para el cerdo y babilla para la ternera. Los filetes deberán ser alargados, finos y lo más rectangulares posible. Para el tipo de relleno la fantasía no tiene límites, pero es aconsejable que contenga siempre algo de grasa.

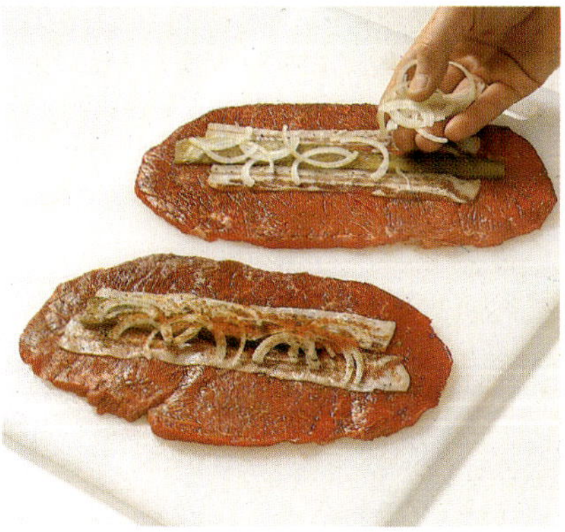

Unte o cubra los filetes con el relleno, dejando los bordes libres.

Pase los escalopes por pan rallado y sacuda el exceso, ya que las migas sobrantes se quemarían rápidamente en la grasa caliente.

Por último, entalle el empanado en forma de rombos con el lomo de un cuchillo grande, para que el empanado no se rompa al freír.

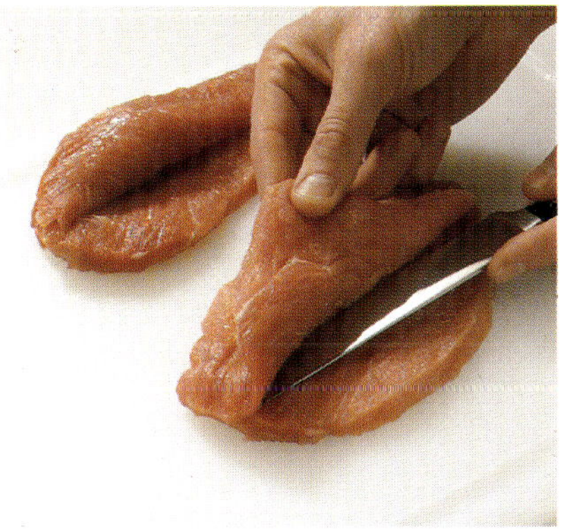

Corte a lo largo, con un cuchillo muy afilado, una cavidad lo más profunda posible en cada filete, pero sin separar del todo las dos capas.

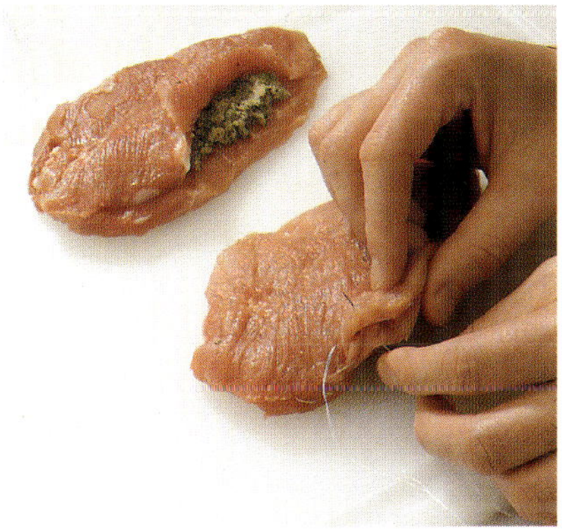

Meta el relleno preparado en la cavidad sin apretar. Cierre la bolsa con palillos o cósala con un bramante.

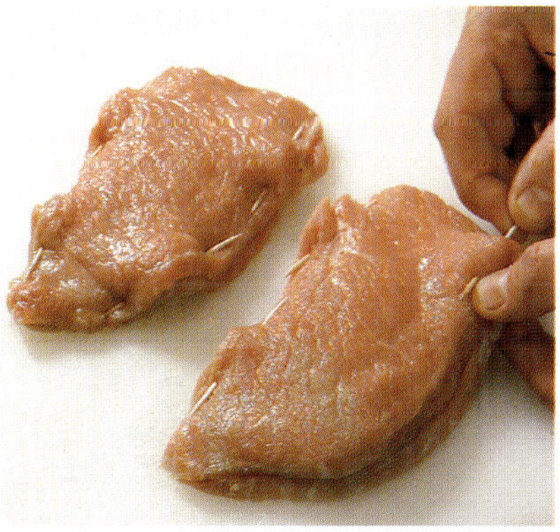

Coloque el segundo filete sobre el relleno y sujete con palillos ambos filetes.

Pase los filetes rellenos primero por harina, después por huevo batido y finalmente por pan rallado.

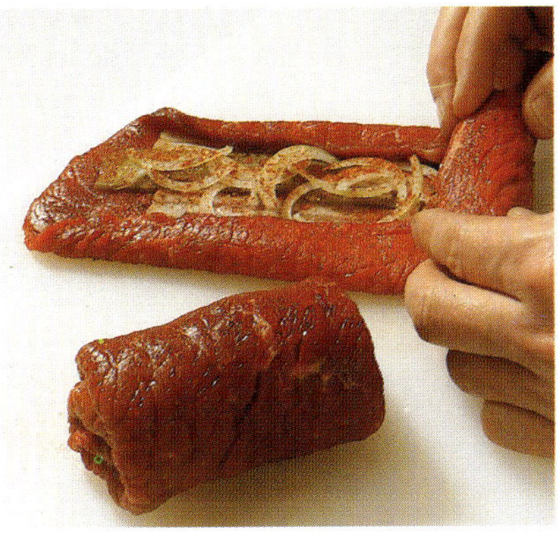

Según el tipo de relleno, doble hacia adentro los lados alargados del filete para que no pueda caer nada.

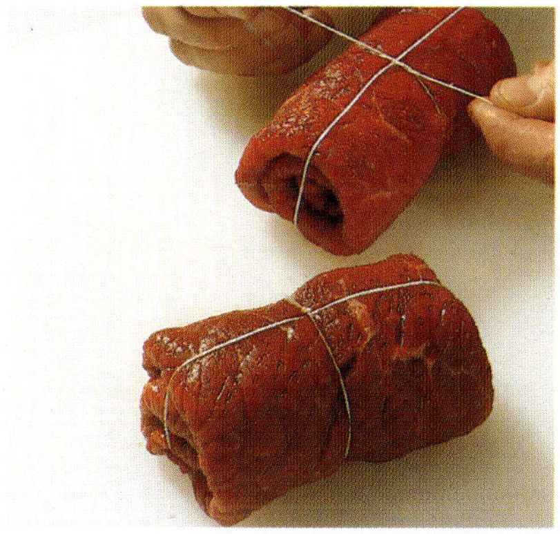

Sujete los paquetes con palillos, o mejor, átelos como se muestra con un bramante. No utilice hilo de fibra artificial. Antes de servir, elimine el hilo o los palillos.

Preparar bien la carne

Rosbif

El rosbif es una de las partes más nobles de la res y, por ello, deberá tratarlo con sumo cuidado. El mejor resultado lo obtendrá con un asado grande de, por lo menos, 1 kg. Antes de prepararla, deberá lavar la carne bajo el chorro del agua fría y secarla cuidadosamente.

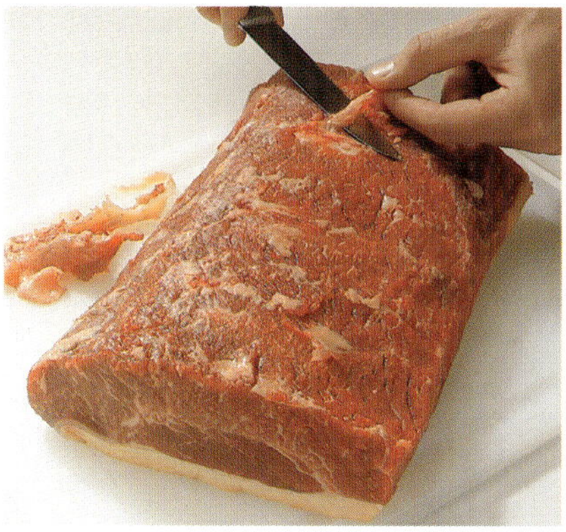

Corte y elimine con un cuchillo pequeño y afilado todas las membranas blancas y tendones existentes.

Carne envuelta en redaño

El redaño o telilla de cerdo es una herramienta corriente en la cocina francesa. Con ella se envuelven rellenos y farsas y se asan como una especie de filetes rusos de calidad superior. El redaño sirve, por ejemplo, para sujetar un trozo de asado untado con mostaza o cualquier otro ingrediente, sin empanado posterior. Consideramos que el filete Wellington sería más sabroso si, en lugar de asarlo envuelto en hojaldre, se asara envuelto en redaño de cerdo. Durante el asado, el redaño desprende su grasa e impide con ello que la carne se seque. Atención: deberá pedir el redaño de cerdo en la tocinería con antelación.

Lave el trozo de carne, séquelo y fríalo en aceite bien caliente por todos los lados, con objeto de que se cierren los poros de la carne. Deje después enfriar la carne. O unte la carne con la farsa.

Rollo de carne relleno

Para el rollo de carne relleno conviene utilizar un trozo de carne plana, como pecho, aleta de ternera o paletilla de cordero. Haga que se lo deshuesen al comprarlo. Puede hacer el rollo relleno o simplemente condimentado.

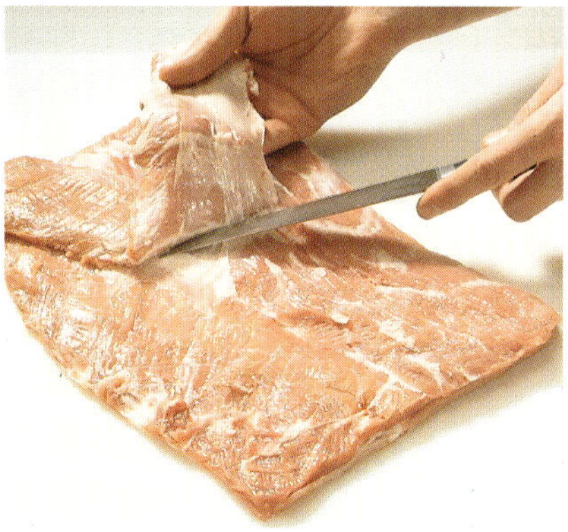

Elimine todas las pieles, los tendones y el exceso de grasa y dé a la carne una forma plana regular. Los recortes puede utilizarlos para un relleno o una salsa.

Rellenar una pieza para asar

Las piezas grandes para asar adquieren mayor atractivo visual, mayor sabor y sacian más cuando se rellenan. En este caso deberá hacer que se las deshuesen en la carnicería. No deberá rellenar el asado excesivamente, ya que se rompería. Si le sobrase algo del relleno, puede ponerlo a cocer al horno en un molde pequeño junto con el asado, y servirlo como guarnición.

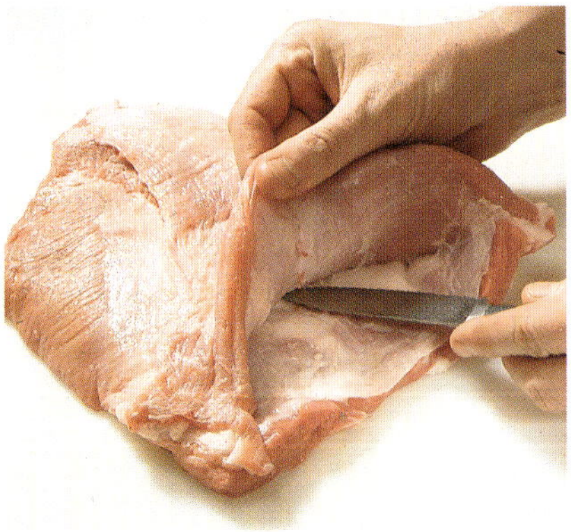

Para conseguir una cavidad para el relleno, separe con un cuchillo el tejido conjuntivo entre las dos capas principales.

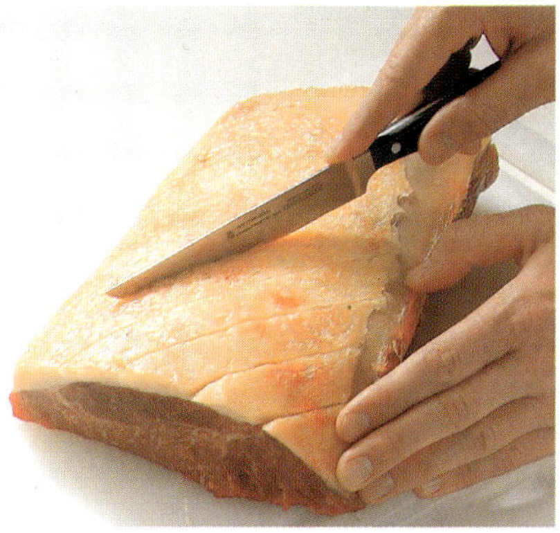

Haga unos entalles en diagonal con un cuchillo afilado en la capa de grasa de la parte superior, pero teniendo cuidado de no lesionar las fibras de carne que se hallan debajo.

Frote bien la carne con sal y pimienta. Fríala en aceite bien caliente por todos los lados y póngala a asar al horno con la capa de grasa hacia arriba durante el tiempo que exija el grado de cocción deseado.

Lave bien el redano de cerdo y séquela cuidadosamente entre dos lienzos.

Extienda el redaño, coloque la carne en el centro, cúbrala totalmente con el redaño y póngala a cocer en la forma indicada por la receta correspondiente.

Salpimente uno de los lados, extienda por encima el relleno o úntelo con una farsa y forme un rollo.

Ate el rollo con un bramante —nunca con hilo de fibra artificial— como si fuera un paquete, dejando entre sí 5 cm de distancia.

Unte primero la cavidad del asado con las especias recomendadas e introduzca después el relleno sin que quede compacto.

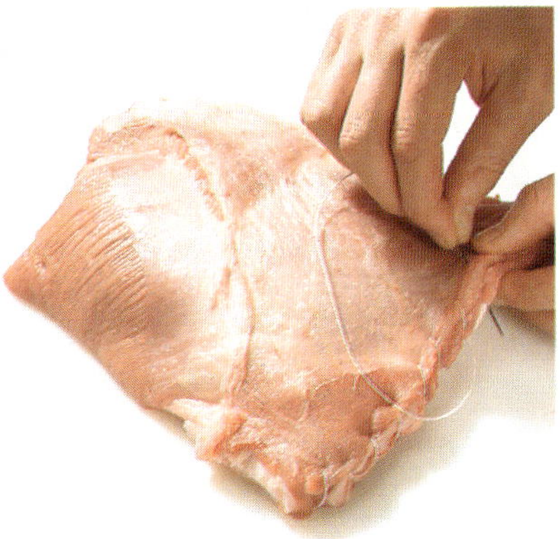

Junte los lados alargados de la bolsa hasta que se unan; si fuera necesario recórtelos. Cosa los bordes con un bramante, insistiendo en los extremos. No utilice hilo de fibra artificial.

Preparar bien la carne

Albardar

La carne de venado es muy magra y debe protegerse con grasa, para impedir que se reseque. Al contrario que en el mechado, con el albardado no se lesionan las fibras finas de la carne. Poco antes del final del asado se eliminan las lonchas de tocino, para que la carne pueda dorarse.

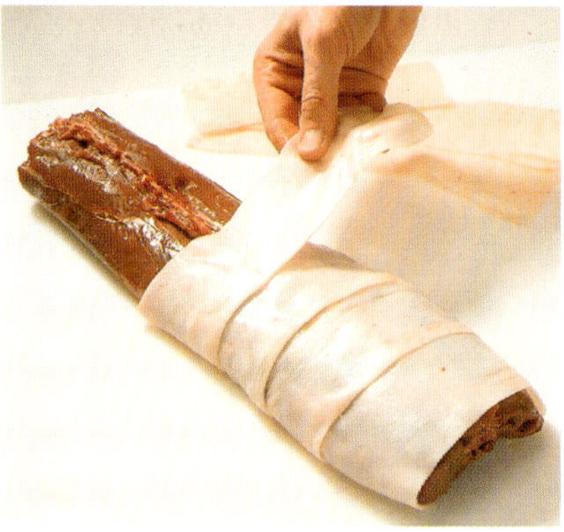

Corte tocino fresco muy frío en lonchas finas adaptándolas al tamaño de la pieza. Recúbrala totalmente, a ser posible, con las lonchas de tocino.

Cubrir la carne en forma de rejilla

También los asados tiernos y magros de ternera admiten grasa adicional durante el asado, sobre todo debido al largo tiempo de horneado. La carne de ternera se digiere mal si no está bien hecha. Utilice para el recubrimiento lonchas finas de tocino fresco.

Corte las lonchas de tocino a lo largo, en tiras de 1 a 2 cm de ancho. Conviene que sean lo más largas posible para que resulte más fácil formar la rejilla.

Mechar la superficie de la carne

También con este método pueden obtenerse resultados exquisitos con carnes magras. Sin embargo, la preparación exige más tiempo que el albardado. Antes de proceder al mechado, ponga las tiras de tocino en el congelador, porque al estar congeladas no se rompen con tanta facilidad al pasarlas por la aguja de mechar.

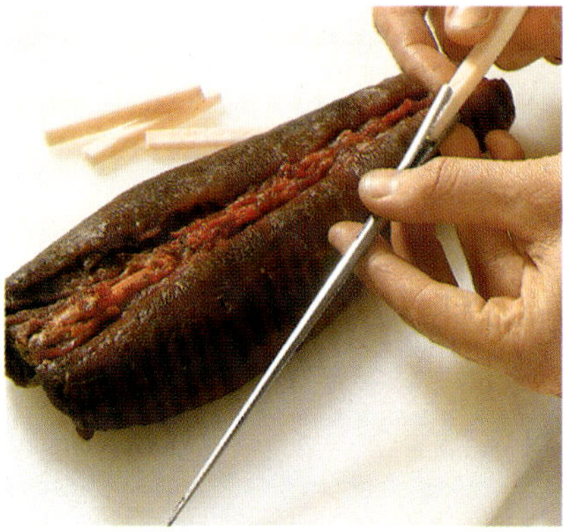

Ensarte las tiras de tocino de ½ cm de grosor, muy frías, en una aguja de mechar con la punta en forma de tenaza.

Mechar el interior de la carne

Esta variante está especialmente indicada para el asado de piezas nobles magras de vacuno. De este modo, la carne recibe desde dentro la grasa necesaria. La grasa que se desprende durante el asado va a parar al fondo de cocción y se puede eliminar. Las tiras de tocino restantes no sólo dan aroma a la carne, sino que forman un dibujo muy atractivo al trincharla.

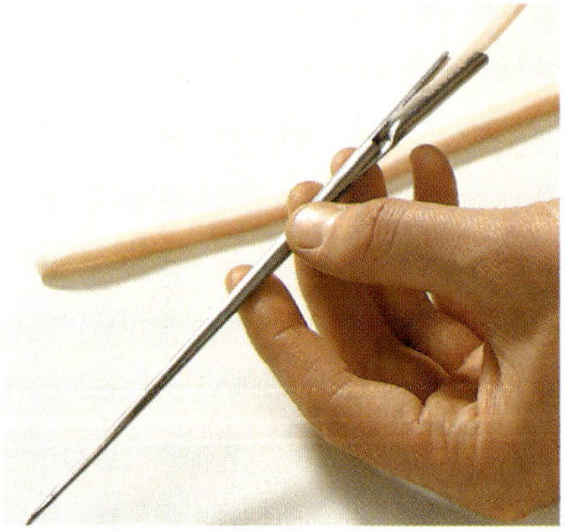

Ponga las tiras de tocino de 1 cm de grosor lo más largas posible y congeladas en una aguja de mechar a lo largo; la aguja deberá tener una muesca en forma de V o redonda.

Ate las lonchas de tocino a lo largo y a lo ancho con un bramante que no sea de fibra artificial, anudando los extremos y cortándolo.

Durante el asado, rocíe la pieza a intervalos regulares con su fondo de cocción. Después de eliminar el tocino, puede aumentar la temperatura para que la carne adquiera rápidamente un color dorado.

Recubra primero la parte alargada y ponga después las tiras transversales, unas veces por debajo y otras por encima de las longitudinales.

Ate el asado enrejillado con un bramante —no fibra artificial— en forma de cruz y anúdelo para impedir que caigan las tiras de tocino.

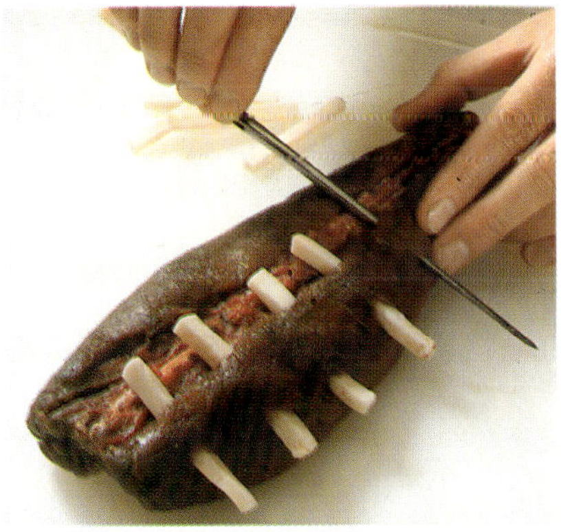

Pinche con la aguja la superficie de la pieza a una profundidad de unos 2 cm a distancias regulares e introduzca después las tiras de tocino.

Las tiras de tocino deberán sobresalir unos 2 cm a ambos lados de la parte superior de la carne.

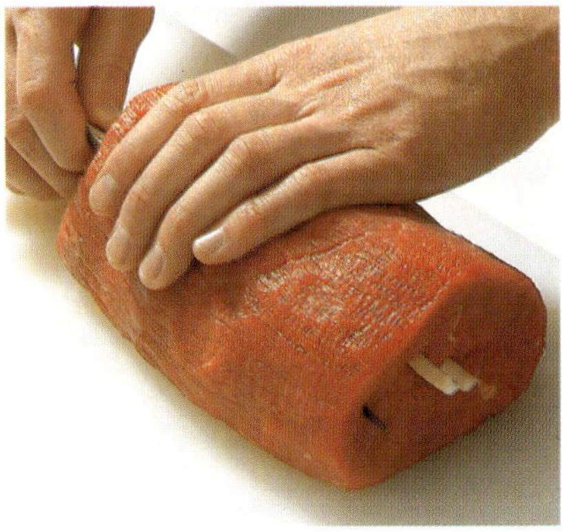

Atraviese la pieza de carne en la dirección de la fibra, a distancias regulares, con la aguja, pasando así las tiras de tocino por la pieza.

Deje que las tiras de tocino sobresalgan un poco a ambos lados. Antes de asar deberá frotar la carne con las especias recomendadas.

Detalles importantes

Freír y asar rápidamente

También los platos de carne fritos o asados de forma rápida y sin complicaciones, exigen una preparación correcta para que salgan bien.

1 Preparar bistecs y chuletas: Quite todas las pieles a los escalopes, medallones o chuletas y aplástelos para que la superficie quede igualada, haga varios cortes a la grasa que se encuentra en los bordes.

2 Para preparar chuletas de palo de cordero; adquiera las chuletas separadas de las vértebras. Con un cuchillo afilado, haga una incisión de unos 5 cm liberando el hueso.

3 Para hacer albóndigas, coja una parte de la carne picada con las manos mojadas, forme pequeñas bolas. Seguidamente aplaste las bolas con la palma de la mano. Conviene que las albóndigas tengan unos 3 cm de grosor.

4 Si quiere pasar las albóndigas por harina antes de freírlas, eche harina en un plato hondo, ponga en él las albóndigas y agite el plato hasta que las albóndigas estén uniformemente enharinadas.

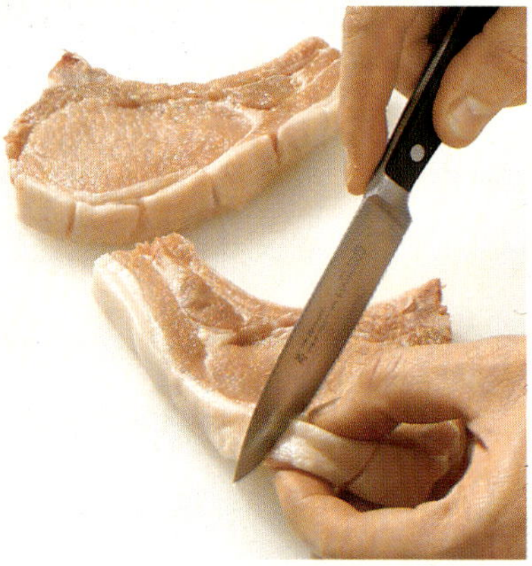
1

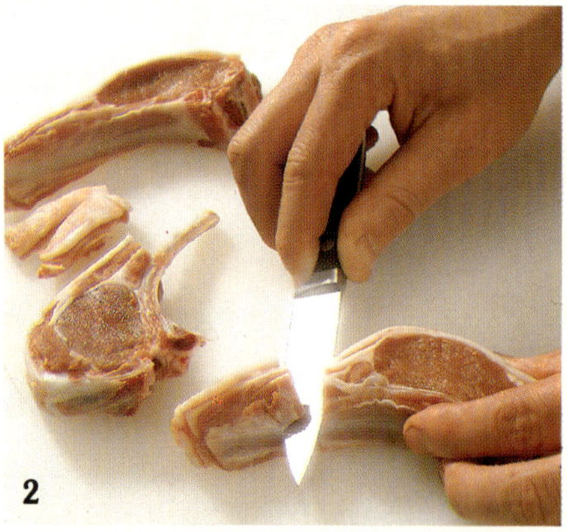
2

3

4

Despojos

Muchos gourmets consideran que los despojos son una exquisitez. Lo más importante de la preparación es la limpieza a fondo, con objeto de eliminar cualquier residuo.

1 Remoje las mollejas o sesos durante 2 horas, para que se desprendan todos los restos de sangre y cambie el agua con cierta frecuencia. Después, deles un hervor en agua hirviendo y, a los 10 minutos páselos por el chorro del agua fría y quíteles la piel.

2 Quite la piel al hígado. Pase un cuchillo fino y afilado por debajo de las pieles y despréndalas. Al hígado de vaca deberá quitarle también los vasos sanguíneos duros.

3 Los riñones de cerdo deben lavarse, cortarse por la mitad a lo largo, eliminar todas las membranas y vasos y ponerlos a remojar unos 20 minutos en leche o suero de leche.

4 Refresque la lengua hervida con agua fría una vez terminada la cocción. Introduzca un cuchillo afilado por debajo de la piel en el borde grueso, despréndala y tire de ella en dirección a la punta.

1

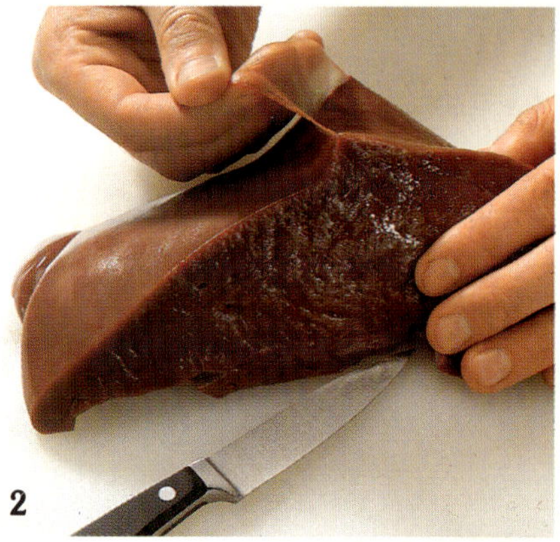
2

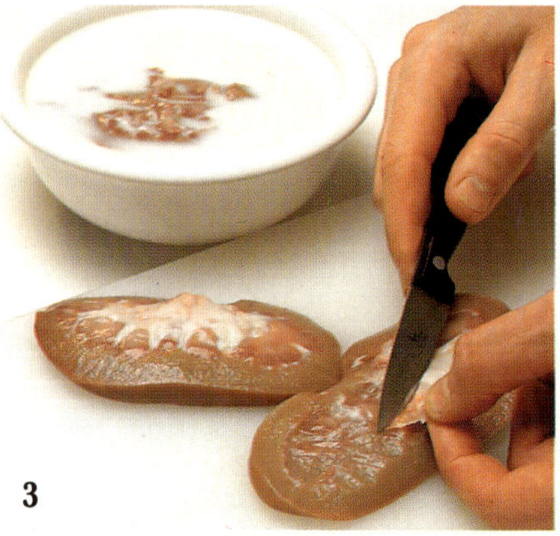
3

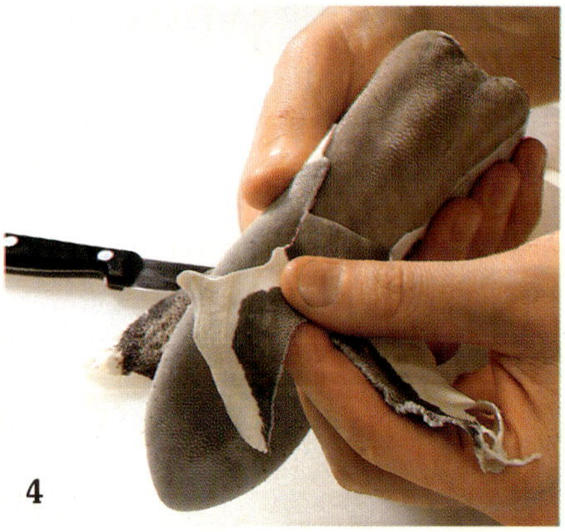
4

Unos consejos en el tratamiento de la carne le facilitarán extraordinariamente el trabajo en la cocina. Conseguirá evitar los fracasos si tiene en cuenta las siguientes explicaciones.

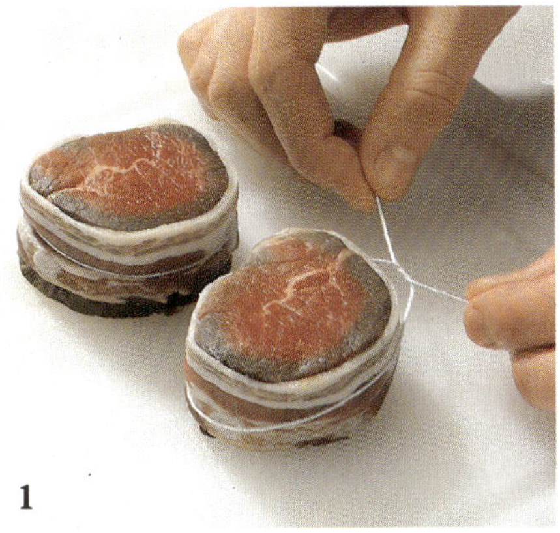

1

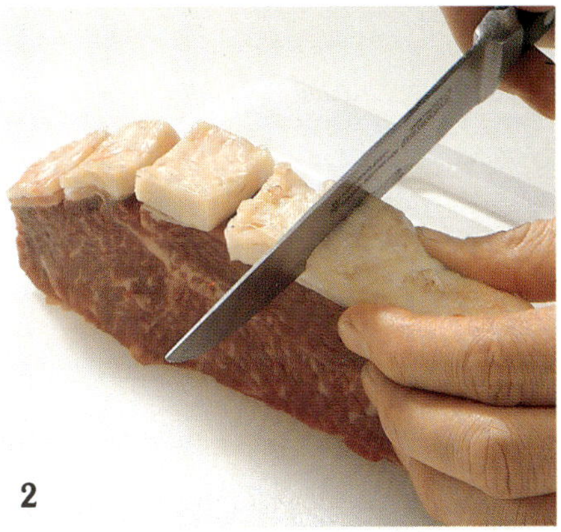

2

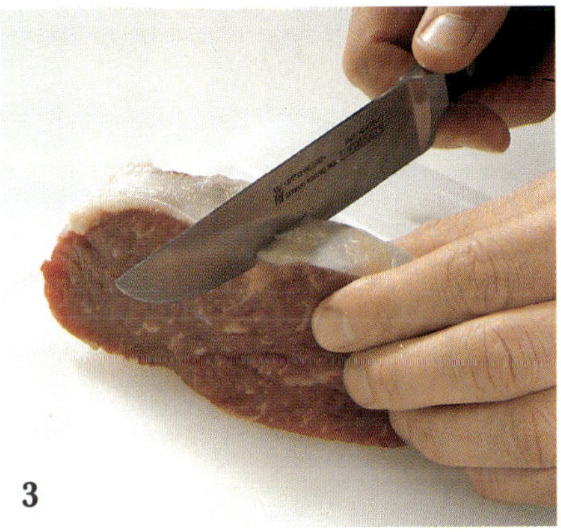

3

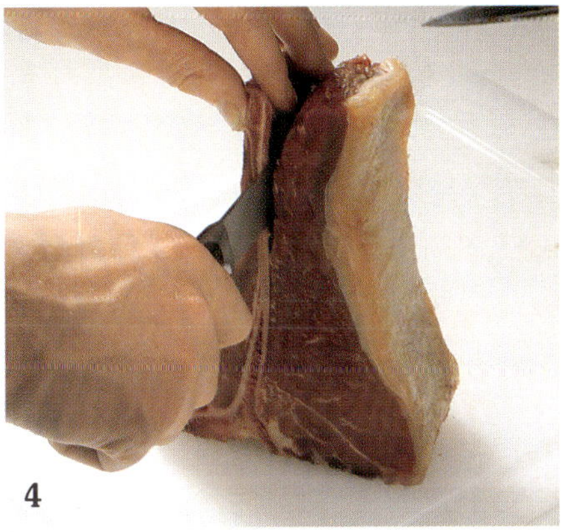

4

Bistecs

La maduración de estas piezas de carne debería estar garantizada antes de la cocción. Con una preparación cuidadosa los bistecs conservarán su forma y se cocerán uniformemente.

1 Los tournedós, procedentes del solomillo, no deben golpearse, sino atarse horizontalmente con un bramante dándoles forma. Si lo desea, puede envolverlos con una tira de tocino, que eliminará antes de servir.

2 El bistec de lomo bajo tiene en uno de los lados un borde de grasa. A éste, se le hacen unas incisiones a una distancia de 2 cm, formando la típica cresta de gallo.

3 El entrecot que se saca del lomo tiene un tendón duro, que hay que cortar para impedir que la carne quede abombada por uno de los lados.

4 El bistec Porterhouse con hueso y solomillo llega a pesar hasta 1 kg. Antes de freírlo, deberá hacer una incisión a ambos lados a lo largo del hueso, para que la carne cueza tan deprisa cerca del hueso como en el resto.

1

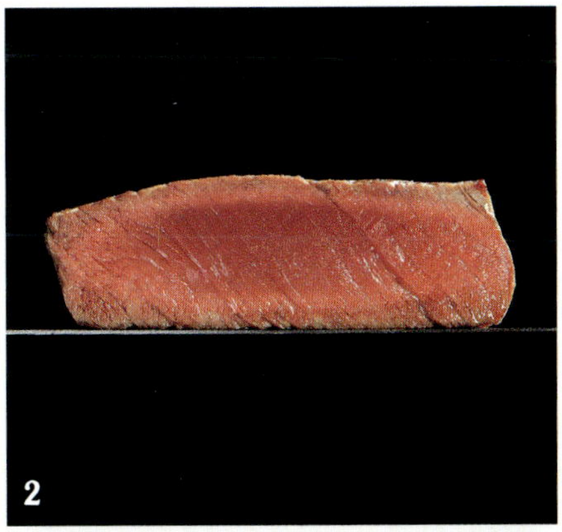

2

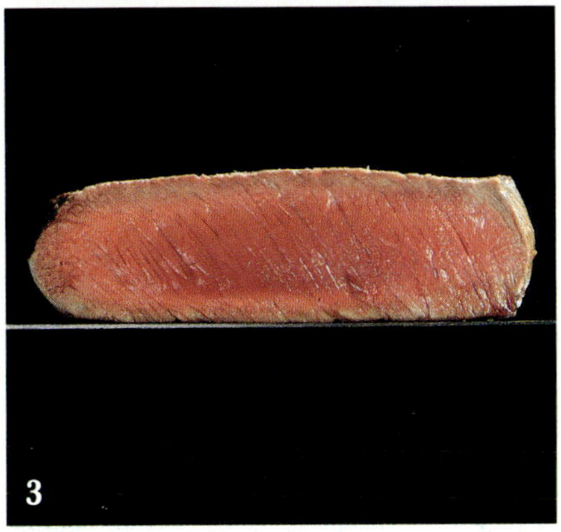

3

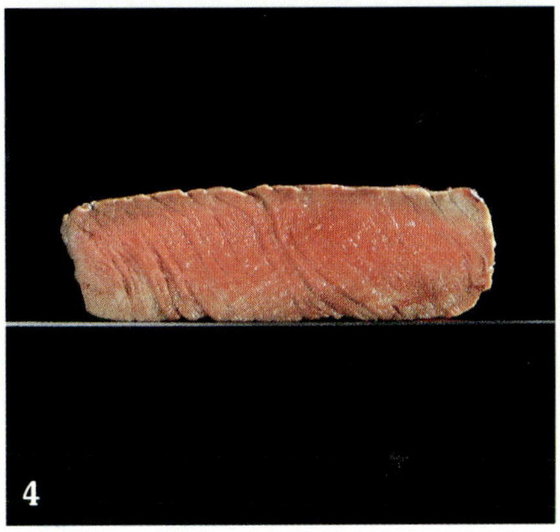

4

Los grados de cocción

En las diferencias de la calidad del sabor no sólo interviene la clase de carne, sino también el tiempo de cocción. Los entendidos establecen la siguiente clasificación para sus resultados preferidos.

1 Très saignant, very rare, o sangrante: el bistec tiene una costra marrón fina, pero por dentro está todavía crudo y sangrante. Si se presiona con un dedo, cede con facilidad.

2 Saignant, rare o poco hecho: el bistec está por fuera marrón, la capa de debajo tiene color rosado y el centro está todavía crudo y sangrante. A la presión del dedo sólo cede la parte central.

3 À point, medium o en su punto: la carne está por dentro de color rosado, ya no está sangrante y apenas cede a la presión del dedo.

4 Bien cuit, well done o bien hecho: el bistec tiene color marrón tostado, está totalmente frito y ya no cede a la presión del dedo.

Tiempos de cocción recomendados

1) El recipiente deberá ser lo suficientemente grande para que alrededor del asado queden de 2 a 5 cm de margen. Las piezas grandes deberán asarse primero con la capa de grasa hacia abajo y darles vuelta a la mitad del tiempo de cocción.

2) El asado sólo resultará tierno si le añade líquido constantemente. Para ello vierta a intervalos regulares un poco del fondo de cocción sobre el asado. Si fuese necesario podrá desglasar el fondo de cocción de los bordes con un poco de agua caliente, caldo o vino.

3) En las bolsas para asar, la carne se dora y no se seca. Meta en la bolsa verduras, vino, crema de leche o caldo de carne. Póngala en la parrilla fría del horno (temperatura máxima 200°). Ventaja: el horno se mantiene limpio.

Fritos rápidos	très saignant/ very rare/sangrante fuego muy vivo	saignant/rare poco hecho fuego vivo	à point/ medium/en su punto fuego moderado
Entrecot 400 g, grosor 4 cm	por lado 2-4 minutos	por lado 3-5 minutos	por lado 6-8 minutos
Entrecot doble 600-800 g, grosor 6 cm	por lado 4-6 minutos	por lado 7-9 minutos	por lado 10-11 minutos
Filet Mignon (principio del solomillo) 80-100 g, grosor 2 cm	por lado 1½ minutos	por lado 2-3 minutos	por lado 3-4 minutos
Bistec de solomillo 150-200 g, grosor 2-3 cm	por lado 1-2 minutos	por lado 2-3 minutos	por lado 4-5 minutos
Bistec de cadera 200 g, grosor 3 cm	por lado 1-2 minutos	por lado 2-3 minutos	por lado 4-5 minutos
Bistec Porterhouse 800 g, grosor 5-6 cm	por lado 6-8 minutos	por lado 8-10 minutos	por lado 10-12 minutos
Medallón 100-150 g, grosor 3 cm	por lado 1-2 minutos	por lado 3-4 minutos	por lado 4-6 minutos
Bistec de lomo bajo (Rumpsteak) 200-300 g, grosor 3 cm	por lado 2-3 minutos	por lado 4-5 minutos	por lado 5-7 minutos
Bistec de lomo alto (T-bone) 500-600 g grosor 4 cm	por lado 3-4 minutos	por lado 5-6 minutos	por lado 7-9 minutos
Tournedós 100 g, grosor 3-4 cm	por lado 1-2 minutos	por lado 3-4 minutos	por lado 4-6 minutos
Peso	**50-80 g**	**120-150 g**	**180-200 g**
Albóndigas unos 3 cm grosor	por lado 4-8 minutos según el tipo de carne		por lado %
Hígado de ternera unos 2 cm de grosor	por lado %	por lado 2 minutos	por lado %
Medallón de ternera unos 3 cm de grosor	por lado %	por lado 3-4 minutos	por lado %
Chuleta de ternera unos 3 cm de grosor	por lado %	por lado 4-5 minutos	por lado 6-8 minutos
Bistec de ternera unos 2 cm de grosor	por lado %	por lado 4-5 minutos	por lado 6-8 minutos
Chuleta de cordero unos 3 cm de grosor	por lado %	por lado 4-5 minutos	por lado %
Chuleta de cerdo unos 3 cm grosor	por lado %	por lado 4-6 minutos	por lado 7-8 minutos
Bistec de cerdo unos 3 cm grosor	por lado %	por lado 5-6 minutos	por lado 7-9 minutos empanado

Las tablas de los tiempos de cocción no tienen valor de ley.
El peso, el tamaño, la edad y la calidad son los determinantes en el tiempo de cocción de la carne.

El calor excesivo o demasiado prolongado, perjudica más que beneficia.
Para el éxito de un asado es muy importante el funcionamiento del propio horno. Deberá hacer ensayos con el suyo.

Según el tipo de horno puede resultar conveniente empezar siempre el proceso de asado a temperaturas altas y continuar con temperaturas más bajas.

Piezas grandes para asar si no se indica lo contrario 1 kg	Horno eléctrico	Horno de convección	Horno a gas
Rollo de carne picada	220° 50-60 minutos	190° 50-60 minutos	Posición 4 50-60 minutos
Pecho de vacuno en su punto	220° 40-50 minutos	190° 40-50 minutos	Posición 4 40-50 minutos
Solomillo de vacuno, lomo de vacuno en su punto	250° 15 minutos + 200° 15 minutos	210° 15 minutos + 170° 15 minutos	Posición 5-6 15 minutos + Posición 3 15 minutos
Contra de vacuno en su punto	230° 40 minutos	200° 40 minutos	Posición 5 40 minutos
Rosbif en su punto	250° 15 minutos + 200° 15 minutos	210° 15 minutos + 180° 15 minutos	Posición 6 15 minutos + Posición 3 15 minutos
Pecho de ternera relleno	220° 90-120 minutos	190° 90-120 minutos	Posición 4 90-120 minutos
Morcillo de ternera anterior, 800-1000 g posterior, 1,2-1,6 kg	220° 80 minutos 200° 120 minutos	190° 80 minutos 170° 120 minutos	Posición 4 80 minutos Posición 3 120 minutos
Asado de hígado de ternera	220° 90 minutos	190° 90 minutos	Posición 4 90 minutos
Babilla de ternera	200° 70-80 minutos	170° 70-80 minutos	Posición 3 70-80 minutos
Espaldilla de ternera	200° 80-90 minutos	170° 80-90 minutos	Posición 3 80-90 minutos
Solomillo de cerdo 600 g Lomo de cerdo	220° 20 minutos 200° 60-80 minutos	190° 20 minutos 170° 60-80 minutos	Posición 4 20 minutos Posición 3 60-80 minutos
Codillo de cerdo trasero	220° 60 minutos + 250° 20 minutos	190° 60 minutos + 220° 20 minutos	Posición 4 60 minutos + Posición 5-6 20 minutos
Rollo de cerdo relleno	250° 20 minutos + 180° 60 minutos	210° 20 minutos + 150° 60 minutos	Posición 5 20 minutos + Posición 2-3 60 minutos
Paletilla de cerdo Cuello	200° 45 minutos + 180° 20-30 minutos	170° 45 minutos + 150° 20-30 minutos	Posición 4 45 minutos + Posición 3 20-30 minutos
Pecho de cordero relleno	200° 100 minutos	190° 100 minutos	Posición 4 100 minutos
Pierna de cordero	200° 50-60 minutos	170° 50-60 minutos	Posición 3 50-60 minutos
Paletilla de cordero	230° 40-50 minutos	200° 40-50 minutos	Posición 4-5 50-60 minutos
Paletilla de venado	220° 35-45 minutos	190° 35-45 minutos	Posición 4 35-45 minutos

4) Para asar bajo el grill, deberá calentar previamente el grill o parrilla eléctrica, untar la carne preparada con aceite, colocarla sobre la parrilla aceitada e introducirla a una distancia no excesiva de la parrilla del grill. Dé vuelta a la pieza a la mitad del tiempo. Antes de servir vierta sobre la carne el fondo de cocción que se haya desprendido.

5) El termómetro de carne es una buena ayuda para controlar el grado de cocción, pues indica la temperatura del interior de la carne. Coloque el termómetro al principio del proceso, en la parte más gruesa sin tocar ni la grasa ni los huesos.

6) Puede comprobar el grado de cocción manualmente; presione con los dedos sobre una parte magra del asado. Si la carne cede todavía ostensiblemente, todavía estará cruda por dentro. La carne bien hecha ya no cede.

Carnes rápidas preparadas en sartén

Platos cocinados, platos apreciados
y muchas sorpresas - escalopes, chuletas,
broquetas, bistecs y
albóndigas; de la ternera al venado

Los siempre apreciados escalopes de ternera, auténticos clásicos

Cuando no esté seguro de lo que les gusta a sus invitados, estos escalopes siempre son indicados

Escalopes vieneses

A la izquierda de la foto

- 4 escalopes de ternera de 125 g cada uno
- 4 pizcas de sal y pimienta negra recién molida
- 1 huevo
- 2 cucharaditas de aceite
- 100 g de pan rallado
- 75 g de manteca
- 1 ramita de perejil
- ½ limón

Receta clásica • Rápida

Por persona aproximadamente 2 200 kJ/ 525 kcal · 36 g de proteínas 34 g de grasas · 19 g hidratos de carbono

Tiempo de preparación: 20 minutos

Lave los escalopes con agua fría y séquelos con un lienzo, sazónelos con sal y pimienta. • Bata el huevo en un plato sopero con el aciete y 1 cucharada de agua. Vierta el pan rallado en un plato llano. • Divida la manteca por la mitad y ponga una parte a calentar en la sartén. • Pase los escalopes por la mezcla de huevo y después por pan rallado; sacuda el pan rallado sobrante. • Fría los escalopes por ambos lados en la manteca caliente durante 4 minutos. • Ponga los escalopes con el perejil y el limón cortado en gajos en platos precalentados. • Acompañe con ensalada de patatas y rodajas de pepino.

Nuestra sugerencia: Si tiene que freír los escalopes en dos tandas, limpie primero la sartén con papel de cocina antes de calentar en ella la manteca restante. Conserve los escalopes en el horno a 80° con la puerta entreabierta.

Cordon bleu

A la derecha de la foto

- 4 escalopes de ternera de 200 g cada uno
- 4 pizcas de sal y pimienta negra recién molida
- 4 lonchas finas de jamón dulce (75 g)
- 4 lonchas finas de queso emmental (50 g)
- 1 cucharadita de pimentón
- 4 cucharadas de harina
- 2 huevos · ½ limón
- 6 cucharadas de pan rallado
- ½ dl de aceite de semillas
- 2 cucharadas de mantequilla
- 1 ramita de perejil

Receta clásica

Por persona aproximadamente 2 700 kJ/ 640 kcal · 59 g proteínas 37 g grasas · 19 g hidratos de carbono

Tiempo de preparación: 30 minutos

Lave los escalopes, séquelos y aplástelos ligeramente; frótelos con la sal y la pimienta. • Ponga sobre la mitad de cada filete las lonchas de jamón y queso y espolvoréelos con el pimentón. Doble los filetes y ciérrelos con palillos. • Ponga por separado la harina, los huevos y el pan rallado en platos llanos, y bata ligeramente los huevos. • Caliente el aceite con la mantequilla. • Pase los escalopes primero por harina, después por huevo y finalmente por pan rallado. • Fríalos durante 6 minutos por cada lado. • Sirva los Cordon bleu adornados con rodajas de limón y perejil. • Acompáñelos con judías verdes, tomates asados y croquetas de patata.

Nuestra sugerencia: Su carnicero puede cortarle en vez de escalopes grandes, el doble de filetes pequeños, abiertos como un libro.

Exquisitos medallones de ternera

Nuestras sugerencias hacen resaltar de forma exquisita el delicado sabor propio de la carne de ternera

Medallones de ternera en crema de naranja

A la izquierda de la foto

- 2 naranjas · Sal
- 8 medallones de solomillo de ternera de 100 g cada uno
- 3 cucharadas de mantequilla
- Pimienta blanca recién molida
- Nuez moscada recién rallada
- Coriandro molido
- ½ dl de crema de leche espesa
- 1 petit suisse doble
- 1 cucharada de vodka
- 1 cucharada de pimpinela recién picada o berros

Elaborada

Por persona
1 700 kJ/400 kcal · 43 g proteínas · 21 g grasas · 10 g hidratos de carbono

Tiempo de preparación: 45 min

Exprima 1 naranja, pele la otra y córtela en gajos. • Reserve, tapados, los gajos de naranja y el zumo. • Lave los medallones de ternera, séquelos bien, fríalos 2 minutos por lado en la mantequilla caliente, condiméntelos con sal, pimienta, nuez moscada y coriandro y guárdelos tapados en el horno precalentado a 50°. • Elimine la mayor parte de la mantequilla, añada el zumo de naranja y déjelo hervir hasta que se reduzca a un tercio. • Añada la crema mezclada con el petit suisse y el vodka y deje hervir suavemente durante 10 minutos. • Condimente la salsa con las especias. • Introduzca en ella los medallones de ternera junto con el fondo de cocción que hayan soltado. • Caliente también en ella los gajos de naranja. • Coloque los medallones con la salsa en platos y distribuya los gajos de naranja en forma de abanico. Esparza por encima la pimpinela. • Acompañe con arroz blanco o arroz integral.

Medallones de ternera con setas

A la derecha de la foto

- 3 escalonias
- unas ramitas de perejil
- 300 g de champiñones
- 2 cucharadas de mantequilla
- 1 cucharada de aceite de oliva
- 8 medallones de solomillo de ternera de 100 g cada uno
- ½ cucharadita de sal y pimienta negra recién molida
- 2 dientes de ajo
- 1 cucharada de vinagre balsámico

Fácil

Por persona aproximadamente
1 200 kJ/
290 kcal · 44 g proteínas
9 g grasas · 5 g hidratos de carbono

Tiempo de preparación: 40 minutos

Pele las escalonias y córtelas en anillos finos. Lave el perejil, prepare los champiñones y córtelos en rodajas. • Caliente la mantequilla y el aceite de oliva. • Lave los medallones de ternera, séquelos, aplástelos un poco, fríalos 2 minutos por lado, salpiméntelos cada vez que les dé vuelta y manténgalos al calor tapados, en el horno precalentado a 80°. • Dore las escalonias junto con las setas en la grasa sobrante, empezando a fuego muy vivo y siguiendo a fuego lento, hasta que se evapore todo el líquido. • Añada los dientes de ajo prensados. Salpimente los champiñones, añádales el vinagre y espolvoree con el perejil picado. • Ponga en platos los medallones y distribuya las setas. • Acompañe con tortitas de patatas ralladas fritas y cualquier tipo de ensalada.

Escalopes de ternera con empanado integral

La salvia fresca aporta un sabor original

4 escalopes de ternera de 125 g cada uno
2 pizcas de sal marina y pimienta blanca recién molida
125 g de trigo integral triturado fino
2 cucharadas de salvia recién picada
1 huevo
2 cucharadas de mantequilla derretida

Receta integral • Rápida

Por persona aproximadamente 1 400 kJ/
330 kcal · 33 g de proteínas
12 g de grasas · 20 g hidratos de carbono

Tiempo de preparación: 20 minutos

Lave ligeramente los escalopes con agua fría, séquelos y aplástelos con la palma de la mano. • Mezcle bien la sal, la pimienta, el trigo y la salvia y póngalos en un plato. Bata el huevo en un plato hondo. • Pase los filetes primero por la mezcla de trigo, después por el huevo y luego otra vez por la mezcla de trigo. • Caliente la mantequilla derretida en dos sartenes y fría los escalopes en ellas a fuego moderado durante 4 minutos por lado, o hasta que se doren. • Acompáñelos con guisantes y ensalada de tomate.

<u>Nuestra sugerencia:</u> Para que no se desprenda el empanado de la carne, haga esta operación inmediatamente antes de freírlos.

Escalopes de ternera con zanahorias

Un empanado extraordinariamente sabroso

200 g de zanahorias
4 escalopes de ternera de 150 g cada uno
4 pizcas de pimienta blanca recién molida
50 g de espelta molida gruesa o trigo integral
40 g de mantequilla
1 dl de crema de leche agria
El zumo de ½ limón
¼ cucharadita de sal marina
1 cucharada de perifollo recién picado o perejil

Receta integral • Rápida

Por persona aproximadamente 1 500 kJ/
360 kcal · 29 g proteínas
21 g grasas · 15 g hidratos de carbono

Tiempo de preparación: 30 min

Lave las zanahorias, ráspelas y córtelas en tiras finas de 1 mm de ancho (juliana). • Lave ligeramente los escalopes con agua fría, séquelos y aplástelos con la palma de la mano. Esparza la pimienta por ambas caras y pase la carne por la espelta molida. • Caliente la mantequilla en dos sartenes, fría los escalopes a fuego vivo durante 2½ minutos, deles vuelta y añada la juliana de zanahoria y la espelta triturada restante. Fríalos otros 2½ minutos, teniendo cuidado de que la verdura no esté sobre la carne, sino en el fondo de la sartén. Añada a cada sartén 1/8 l de agua y deje rehogar con el recipiente tapado otros 3 ó 4 minutos. • Retire las sartenes del fuego y añada a cada una, sin dejar de remover, la mitad de la crema agria y el zumo de limón. Sale los escalopes y la salsa. • Antes de servir esparza el perifollo por encima.

Escalopes a la Holstein

Escalope de ternera con huevo al plato y salmón ahumado

- 2 cucharadas de alcaparras
- 4 lonchas finas de salmón ahumado (50 g)
- 8 pepinillos o 1 pepino en conserva mediano
- 4 filetes de anchoa
- 220 g de remolacha en conserva
- 4 escalopes de ternera-de 150 g cada uno
- 40 g de mantequilla
- Sal
- Pimienta blanca recién molida
- 4 huevos
- 2 cucharaditas de sucedáneo de caviar
- Un poco de perejil
- 4 rebanadas de pan de molde

Coste medio

Por persona aproximadamente 2 300 kJ/ 550 kcal · 54 g proteínas 29 g grasas · 19 g hidratos de carbono

Tiempo de preparación: 45 minutos

Ponga a escurrir las alcaparras. Forme rollos con las lonchas de salmón. Corte los pepinillos en forma de abanico. Seque los filetes de anchoa. Escurra las remolachas. • Lave los escalopes con agua fría y séquelos. • Caliente la grasa en una sartén. Fría en ella los filetes 4 minutos por lado a fuego moderado, y salpiméntelos al darles la vuelta. Consérvelos calientes en el horno precalentado a 50°. • Casque los huevos, échelos uno tras otro en la grasa de freír caliente, retírelos cuando estén cuajados y sálelos. • Ponga la carne en platos, coloque un huevo sobre cada escalope y esparza por encima las alcaparras. Adorne con los rollos de salmón, los pepinillos, los filetes de anchoa, el caviar, las remolachas y el perejil. Acompañe con el pan tostado caliente.

Bistecs de ternera con salsa de atún

La mayonesa casera le servirá de base para muchas salsas exquisitas

2 yemas de huevo
1 limón
1 cucharada de pasta de anchoas o anchoas machacadas
½ dl de aceite de oliva
210 g de atún en aceite
2 cucharadas de alcaparras pequeñas
4 cucharadas de yogur
5 pizcas de sal y pimienta blanca recién molida
1 pizca de azúcar
4 bistecs de ternera de 125 g cada uno
2 cucharadas de mantequilla derretida

Coste medio

Por persona aproximadamente 3 400 kJ/
810 kcal · 49 g proteínas
66 g grasas · 3 g hidratos de carbono

Tiempo de preparación: 40 minutos

Bata las yemas de huevo. Lave el limón, séquelo, córtelo por la mitad, exprima medio y mézclelo con las yemas y la pasta de anchoas. • Añada el aceite de oliva, primero gota a gota y después en un chorrito fino, mientras bate con la batidora de varillas. • Deje escurrir el atún y, junto con 1 cucharada de alcaparras, redúzcalo a puré. • Mezcle este puré y el yogur con la mayonesa. Añada una pizca de sal y pimienta y el azúcar. • Lave los bistecs con agua fría y séquelos. Caliente la mantequilla derretida en una sartén y fría los bistecs 3 minutos por lado, salpimentándolos a continuación. • Corte la otra mitad del limón en rodajas. • Sirva los bistecs con la salsa de atún y adórnelos con una rodaja de limón y las alcaparras restantes. • Acompañe con una ensalada de tomates, mozzarella y aceitunas negras.

Chuletas de ternera con frutas frescas

Estos platos son los más indicados para servir chuletas de ternera especialmente exquisitas

Chuletas de ternera con higos frescos

Al fondo de la foto

- 4 chuletas de ternera de 180 g cada una
- 2 cucharadas de mantequilla derretida
- ½ cucharadita de sal y pimienta blanca recién molida
- 4 cucharadas de vino de Oporto
- ½ dl de crema de leche · 1 petit suisse doble
- 2 cucharadas de zumo de limón
- 1 cucharada de salsa Worcester aproximadamente
- 1 pizca de pimienta de Cayena
- 3 higos frescos

Coste medio

Por persona aproximadamente 1 900 kJ/ 450 kcal · 40 g proteínas 28 g grasas · 7 g hidratos de carbono

Tiempo de preparación: 40 minutos

Lave las chuletas, séquelas, fríalas en la mantequilla derretida caliente durante 4 minutos por lado, salpiméntelas y resérvelas tapadas. • Tire la mayor parte de la grasa y ponga a hervir el resto con el vino de Oporto. Añada la crema de leche y el petit suisse mezclados y deje cocer suavemente durante 5 minutos. Condimente con el resto de la sal y la pimienta, el zumo de limón, la salsa Worcester y la pimienta de Cayena. • Añada las chuletas a la salsa con el fondo de cocción que hayan soltado y caliéntelo. • Lave los higos, córtelos en rodajas finas y caliéntelos sobre las chuletas. • Ponga las chuletas en platos y cúbralas con la salsa. • Acompañe con puré de patata.

Chuletas de ternera con crema de limón espumosa

En primer plano de la foto

- 4 yemas de huevo
- 4 cucharadas de zumo de limón
- 100 g de mantequilla ablandada
- 1 pizca de azúcar
- ½ cucharadita de sal
- 5 pizcas de pimienta blanca recién molida
- 4 chuletas de ternera de 200 g cada una
- ½ dl de aceite
- ½ cucharadita de salvia seca
- Un poco de toronjil

Elaborada

Por persona aproximadamente 3 700 kJ/ 880 kcal · 59 g proteínas 71 g grasas · 3 g hidratos de carbono

Tiempo de preparación: 50 minutos

Bata las yemas de huevo con el zumo de limón en un cazo al baño maría, y vaya añadiendo la mantequilla en copos. Condimente esta crema con el azúcar, una pizca de sal y pimienta; consérvela caliente en el baño maría removiéndola de vez en cuando. • Lave las chuletas bajo el chorro de agua fría, séquelas, haga una incisión a lo largo del hueso y aplástelas un poco. • Caliente el aceite, dore las chuletas 6 minutos por lado y condiméntelas con la sal y pimienta restantes y la salvia molida. • Ponga las chuletas en platos, cúbralas con la crema de limón espumosa y adórnelas con las hojitas de toronjil. • Acompañe con palitos crujientes.

Chuletas de ternera con un toque especial

Existen muchas posibilidades para preparar las chuletas de ternera

Chuletas de ternera con calabaza

A la izquierda de la foto

- 1 kg de calabaza
- 250 g de cebollas
- 2 cucharadas de mantequilla
- 1 cucharadita de sal
- ½ cucharadita de pimienta blanca recién molida
- 1 pizca de anís molido
- 3 cucharadas de zumo de limón
- ¼ l de crema de leche
- 4 chuletas de ternera de 200 g cada una
- 4 pizcas de pimienta negra recién molida
- 2 yemas de huevo
- 2 cucharadas de leche
- 2 cucharadas de queso parmesano recién rallado
- 4 cucharadas de pan rallado
- 50 g de mantequilla derretida
- 4 cucharadas de harina
- ½ manojo de eneldo o perejil

Fácil

Por persona 3 700 kJ/
880 kcal · 60 g proteínas
53 g grasas · 37 g hidratos de carbono

Tiempo de preparación: 50 minutos

Pele la calabaza, quítele las pepitas y córtela en dados. • Corte las cebollas en anillos finos y dórelas en la mantequilla derretida. Dore un poco los dados de calabaza, condimente con ½ cucharadita de sal la pimienta blanca, el anís y el zumo de limón, añada la crema de leche y deje cocer a fuego muy lento 15 minutos. • Lave las chuletas, séquelas, aplástelas, haga una incisión a lo largo del hueso y salpiméntelas con el resto de la sal y la pimienta. • Bata las yemas de huevo con la leche y mezcle el queso rallado con el pan. • Caliente la mantequilla derretida. • Pase las chuletas por la harina, los huevos y la mezcla de queso y pan rallado; luego fríalas 6 minutos por lado. • Lave el eneldo y píquelo finamente. • Condimente la calabaza, póngala al lado de las chuletas y esparza sobre ella el eneldo. • Acompañe con patatas nuevas.

Chuletas de ternera con tomates y aceitunas

A la derecha de la foto

- 1 cebolla · 2 tomates carnosos
- ½ manojo de perejil
- 3 cucharadas de aceite de oliva
- 4 chuletas de ternera de 200 g cada una
- ½ cucharadita de sal y ½ de pimienta negra recién molida
- 4 cucharadas de aceitunas rellenas de pimientos
- 2 dientes de ajo

Fácil

Por persona 1 400 kJ/
330 kcal · 44 g proteínas
14 g grasas · 7 g hidratos de carbono

Tiempo de preparación: 50 min

Pique la cebolla finamente. Pele los tomates, quíteles las semillas y píquelos groseramente. Lave el perejil. Quítele los tallos y píquelo. • Caliente el aceite. Lave las chuletas, séquelas, haga una incisión a lo largo del hueso, fríalas 6 min por lado, salpiméntelas y resérvelas. • Dore la cebolla en el aceite restante. Añada los dados de tomate y las aceitunas. Prense los dientes de ajo con el prensaajos y añádalos, salpimente y deje rehogar tapado otros 10 min. • Caliente las chuletas en la verdura y póngalas después en un plato, junto con ésta, esparciendo el perejil por encima. • Acompañe este plato con patatitas enteras fritas o asadas.

Chuletas de ternera rellenas

La salsa de champiñones es un complemento perfecto para el delicado aroma de la carne

- 4 chuletas de ternera de 180 g cada una
- 1 ramita de salvia fresca
- El zumo de ½ limón
- 2 pizcas de pimienta negra recién molida
- 1 cebolla
- 250 g de champiñones
- 1 manojo de perejil
- 2 dl de crema de leche
- ½ cucharadita de sal
- 2 pizcas de pimienta blanca recién molida
- 120 g de carne de salchichas Bratwurst
- 50 g de mantequilla

Elaborada

Por persona aproximadamente 2 500 kJ/
600 kcal · 45 g proteínas
42 g grasas · 8 g hidratos de carbono

Tiempo de adobo: 3 horas
Tiempo de preparación: 40 minutos

Haga una cavidad en la parte redondeada de las chuletas. • Pique la salvia groseramente y espárzala sobre las chuletas junto con el zumo de limón y la pimienta negra; déjelas adobar durante 3 horas. • Pique finamente la cebolla. Corte en rodajas finas la mitad de los champiñones y pique finamente la otra mitad. Pique el perejil. • Ponga a cocer la cebolla con los champiñones picados y 3 cucharadas de crema de leche hasta que la mezcla esté bien espesa, salpiméntela y agréguele el perejil y la carne de la salchicha Bratwurst. • Meta el relleno en la cavidad de las chuletas y cósalas. Derrita la mantequilla, fría las chuletas primero a fuego moderado y luego a fuego lento durante 5 minutos por lado; luego consérvelas al calor. • Ponga los champiñones en la sartén y déjelos cocer 2 minutos con el resto de la crema de leche, salpimente y vierta sobre las chuletas. • Acompañe este plato con coliflor rehogada y espolvoreada con pan rallado frito en mantequilla y puré de patatas.

Hígado de ternera en salsa de mantequilla al vino blanco

Para que la salsa salga bien, la mantequilla deberá estar helada

- 2 ramitas de estragón fresco
- 4 escalonias
- 80 g de champiñones pequeños
- 150 g de mantequilla helada
- 3,5 dl de vino blanco seco
- ½ cucharadita de sal y pimienta blanca recién molida
- 600 g de hígado de ternera, cortado en filetes de apenas 2 cm de grosor
- 2 cucharadas de mantequilla derretida

Elaborada

Coste medio

Por persona aproximadamente 2 400 kJ/ 570 kcal · 28 g proteínas 42 g grasas · 11 g hidratos de carbono

Tiempo de preparación: 50 minutos

Lave el estragón y píquelo finamente. • Pique también las escalonias. Prepare los champiñones y córtelos en rodajitas. Corte la mantequilla en trozos. • Dore las escalonias en 1 cucharada de mantequilla, añada el vino blanco y deje hervir el líquido hasta que esté reducido a un tercio. • Bata vigorosamente los trocitos de mantequilla restante en esta salsa con la batidora de varillas, hasta que la salsa esté cremosa. Salpiméntela. Añada los champiñones y deje proseguir la cocción 5 minutos a fuego lento, luego agregue las hojitas de estragón. Conserve caliente la salsa de mantequilla al vino blanco. • Lave los filetes de hígado, séquelos, fríalos 1 minuto escaso por lado en la manteca caliente, sálelos y eche un poco de pimienta molida por encima. Póngalos en platos y vierta la salsa de mantequilla al vino blanco sobre el hígado. • Acompañe con tortitas de patatas ralladas y fritas.

Hígado de ternera con germen de trigo

Para este plato deberá preparar con tiempo los gérmenes de trigo

- 50 g de granos de trigo germinativo
- 6 escalonias
- 2 manzanas ácidas
- 4 filetes de hígado de ternera de 125 g cada uno
- 1 pizca de pimienta negra recién molida
- 50 g de mantequilla
- 2 pizcas de sal marina
- ½ dl de crema de leche
- 1 petit suisse
- 1 cucharadita de mostaza semifuerte
- 1 cucharada de perejil y cebollinos picados

Elaborada

Por persona 2 000 kJ/ 480 kcal · 26 g proteínas 28 g grasas · 27 g hidratos de carbono

Tiempo de germinación: 2 días
Tiempo de preparación: 25 minutos

Ponga los granos de trigo 2 días antes en un poco de agua templada durante unas 2 horas, escúrralos en un colador y déjelos germinar en un sitio caliente. • Remueva de vez en cuando los granos, cúbralos de agua, sólo durante unos instantes, tanto por la noche como por la mañana, y déjelos escurrir. Después de 2 días habrán brotado pequeños gérmenes. • Corte las escalonias en anillos finos. Corte las manzanas en dados. • Lave el hígado con agua fría, séquelo y sazónelo con la pimienta. • Dore los aros de escalonia en la mantequilla. Añada el hígado y fríalo 2 minutos por lado con los dados de manzana y los gérmenes de trigo. • Sale ligeramente el hígado. • Agregue la crema y el petit suisse mezclados a la sartén, añada la mostaza y la sal, espolvoree con las hierbas y acompañe con ello el hígado.

Combinaciones finas para gourmets

La carne de ternera se adapta a los sabores más variados

Rollitos de ternera con pasas

A la izquierda de la foto

100 g de pasas sultanas
¼ de l escaso de vino blanco seco
2 cucharadas de mantequilla
½ cucharadita de sal y pimienta negra recién molida
2 cucharaditas de tomate concentrado
1 cucharadita de curry en polvo
8 escalopes de ternera de 80 g cada uno · 2 puerros finos
1 cucharada de aceite
1,2 dl de crema de leche

Elaborada

Por persona aproximadamente 2 000 kJ/
480 kcal · 37 g proteínas
22 g grasas · 23 g hidratos de carbono

Tiempo de remojo: 30 minutos
Tiempo de preparación: 50 minutos

Lave las pasas con agua caliente y póngalas a remojar en el vino durante 30 minutos. • Prepare el puerro, lávelo, córtelo en aros y dórelo en 1 cucharada de mantequilla. Añada las pasas escurridas, salpimente e incorpore el tomate concentrado y el curry y deje cocer la mezcla. • Precaliente el horno a 50°. • Salpimente los filetes, úntelos con la mezcla de pasas y puerros, enróllelos y átelos con un bramante. • Caliente la mantequilla restante con el aceite. Fría los rollitos de ternera a fuego vivo y añada el vino en que se remojaron las pasas. Añada la crema de leche y prosiga la cocción 10 minutos a fuego lento. • Mantenga los rollitos calientes en el horno. • Deje hervir la salsa hasta que se reduzca a un tercio, salpiméntela y sírvala con los rollitos.

Bistecs de ternera con crema de perifollo

A la derecha de la foto

80 g de perifollo
4 chuletas de ternera deshuesadas, de 180 g cada una
2 cucharadas de mantequilla
1 cucharada de aceite
½ cucharadita de sal y pimienta blanca recién molida
2 cucharaditas de mostaza de Dijon
¼ l de crema de leche
1 cucharadita de salsa de soja y zumo de limón

Fácil

Por persona aproximadamente 2 000 kJ/
480 kcal · 41 g proteínas
32 g grasas · 3 g hidratos de carbono

Tiempo de preparación: 40 minutos

Precaliente el horno a 50°. • Lave el perifollo y reserve algunas hojitas. • Lave los bistecs, séquelos, fríalos en la mezcla de grasa 5 minutos en total, salpiméntelos, úntelos con la mostaza y manténgalos al calor tapados. • Caliente durante 1 minuto el perifollo en la grasa. Deje que dé un hervor con la mitad de la crema y reduzca a puré con la batidora. • Vierta la salsa en la sartén y condiméntela con la salsa de soja, el zumo de limón y un poco de sal y pimienta. • Bata a punto de nieve el resto de la crema y mézclela con la salsa. Vierta la crema de perifollo sobre los bistecs y espolvoree éstos con las hojitas de perifollo restantes.

Bistecs a la pimienta flameados

Le aconsejamos que pruebe esta gran creación para 2 personas

Tournedós con mantequilla de hierbas

Los tournedós proceden de la parte más noble del solomillo

Ingredientes para 2 personas:
- 2 bistecs de solomillo de vacuno de 200 g cada uno
- 1 cebolla pequeña
- 1 cucharada escasa de granos de pimienta negra
- 2 cucharadas de aceite
- 1 pizca de sal y 2 cucharadas de coñac por bistec
- 1 cucharada de mantequilla

Receta famosa

Por persona aproximadamente 1 700 kJ/
400 kcal · 39 g proteínas
21 g grasas · 4 g hidratos de carbono

Tiempo de preparación: 20 minutos

Lave los bistecs con agua fría y séquelos. Elimine todas las membranas y los bordes grasientos. Ate los bistecs en sentido horizontal con un bramante para impedir que los bordes sean más finos que el centro; sólo de este modo conseguirá que la carne se cueza toda por igual. • Pele las cebollas y córtelas en dados pequeños. Machaque groseramente los granos de pimienta en el mortero. • Unte los bistecs por ambos lados con aceite y páselos por la pimienta machacada. • Caliente el aceite restante y fría en él los bistecs a fuego vivo de 2 a 3 minutos. Reduzca el calor ligeramente, dé vuelta a los bistecs, añada los dados de cebolla y dórelos removiendo. Continúe friendo los bistecs otros 2 ó 3 minutos y sálelos después. • Caliente el coñac en un cucharón sobre la llama de una vela, viértalo sobre los bistecs, préndale fuego y deje que flamee. • Ponga la mantequilla a derretir sobre los bistecs. Dé la vuelta a los bistecs y sírvalos en platos muy calientes con su fondo de cocción tras haber retirado el bramante. • Sirva con pan de ajo y una ensalada de cogollitos de lechuga.

- 80 g de mantequilla
- 2 ramitas frescas de albahaca
- 2 de eneldo
- 2 de estragón · 2 de perifollo y 2 de perejil
- 4 hojas de salvia fresca
- 1 escalonia
- 1 cucharadita de sal
- 4 tournedós de 125 g cada uno, sacados de la punta del solomillo
- 2 cucharadas de aceite
- 1 pizca de pimienta blanca recién molida por cada tournedó

Fácil

Por persona aproximadamente 1 500 kJ/
360 kcal · 25 g proteínas
27 g grasas · 2 g hidratos de carbono

Tiempo de preparación: 20 minutos
Tiempo de refrigeración: 1 hora
Tiempo de cocción: 12 minutos

Corte los 80 g de mantequilla en trozos pequeños. • Lave las hierbas, séquelas, elimine los tallos gruesos y pique finamente las hojas. • Pele la escalonia y rállela. • Bata la mantequilla hasta que esté espumosa, mézclela con ½ cucharadita de sal, la escalonia y las hierbas. Forme un rollo de unos 3 cm de grosor con papel sulfurizado y póngalo a enfriar 1 hora en el frigorífico. • Lave los tournedós, séquelos, átelos horizontalmente con un bramante para que los bordes no queden más finos que el centro. • Caliente el aceite y fría los tournedós de 3 a 4 minutos por lado, primero a fuego vivo y luego reduzca el calor. • Salpimente los bistecs una vez fritos. • Corte la mantequilla a las hierbas en 8 rodajas. Ponga los tournedós en platos y coloque encima de ellos la mantequilla de hierbas. • Acompañe este plato con hinojo hervido y pan blanco crujiente.

Bistecs de lomo (T-bone) con crema agria

Un placer máximo para los amigos del bistec

4 patatas grandes
250 g de requesón descremado
½ dl de crema de leche
1 petit suisse
1 cebolla pequeña
1 diente de ajo
1 manojo de eneldo y cebollino
Sal
1 pizca de pimienta blanca recién molida
1-2 cucharadas de vinagre de hierbas
2 bistecs de lomo alto (T-bone) de 400 g cada uno
40 g de mantequilla derretida
2 pizcas de pimienta negra recién molida
2 tomates
Un poco de perejil

Receta clásica

Por persona aproximadamente 3 100 kJ/
740 kcal · 53 g proteínas
38 g grasas · 45 g hidratos de carbono

Tiempo de preparación: 50 minutos

Precaliente el horno a 225°. • Lave las patatas cepillándolas bajo el chorro del agua, envuélvalas por separado en un papel de aluminio fuerte y áselas en la placa del horno durante 45 minutos. • Para la crema, mezcle el requesón con la crema de leche y el petit suisse. Pique la cebolla muy finamente y agréguela a la crema junto con el diente de ajo machacado. • Lave las hierbas, escúrralas, píquelas finas, mézclelas con la crema y condimente con la sal, la pimienta blanca y el vinagre. • Lave la carne y séquela. Caliente la mantequilla derretida en 2 sartenes, fría los bistecs a fuego vivo de 7 a 9 minutos por lado y sazónelos con sal y pimienta negra. • Abra el papel aluminio de las patatas. Aplástelas ligeramente con un lienzo para que se abran y rellénelas con 2 cucharadas de la crema preparada. • Trinche los bistecs, preséntelos con las patatas y adorne con octavos de tomate y perejil. • Sirva aparte la crema restante.

Los bistecs de lomo más apreciados por los gourmets

Las hierbas y el ajo proporcionan a la carne una nota picante

Bistecs de lomo con champiñones

Al fondo de la foto

1 manojo de hierbas variadas como perifollo, estragón, perejil, cebollino · 1 diente de ajo
125 g de mantequilla ablandada
1 pizca de sal y pimienta blanca recién molida
200 g de champiñones
1 cebolla blanca grande
4 bistecs de lomo bajo de 200 g cada uno
4 cucharadas de aceite
4 pizcas de sal, pimienta negra recién molida y pimentón picante
1 manojo de perejil
5 cucharadas de vino tinto seco

Coste medio

Por persona 2 500 kJ/
600 kcal · 42 g proteínas
43 g grasas · 8 g hidratos de carbono

Tiempo de preparación: 1 hora

Lave las hierbas y píquelas finamente junto con el diente de ajo, mézclelas con 100 g de mantequilla, la sal y la pimienta, forme un rollo, envuélvalo en papel sulfurizado y déjelo enfriar en el congelador o la nevera si dispone de más tiempo. • Precaliente el horno a 50°. • Prepare los champiñones y córtelos por la mitad. Pique la cebolla finamente. • Lave los bistecs, séquelos y haga varias incisiones en el borde grasiento. • Caliente el aceite, fría los bistecs 1 minuto por ambos lados a fuego muy vivo y después 3 minutos a fuego moderado. Condiméntelos con la sal, la pimienta y el pimentón y consérvelos calientes en el horno. • Dore la cebolla en el fondo de cocción de la carne, añada los champiñones y deje evaporar su líquido. • Pique el perejil y añádalo a los champiñones, junto con el vino tinto y la mantequilla restante. • Cubra los bistecs con rodajas de mantequilla de hierbas y sírvalos acompañados de los champiñones.

Bistecs de lomo con salsa de ajo

En primer plano de la foto

2 dientes de ajo
3 yemas de huevo
1,2 dl de aceite de hierbas o aceite de oliva
1 pizca de sal · Pimienta blanca recién molida y azúcar
1 cucharada de zumo de limón
2 cucharadas de cebollino picado
4 bistecs de lomo bajo de 200 g cada uno
4 cucharadas de aceite
½ cucharadita de romero · Sal y otra de pimienta negra recién molida

Coste medio

Por persona aproximadamente 3 400 kJ/
810 kcal · 51 g proteínas
68 g grasas · 2 g de hidratos de carbono

Tiempo de preparación: 50 minutos

Pase los dientes de ajo por el prensaajos. • Bata las yemas de huevo, añada el aceite primero gota a gota y después en un chorrito fino. Condimente la mayonesa con la sal, la pimienta, el azúcar, el zumo de limón, el ajo y el cebollino. • Lave los bistecs, séquelos y haga varias incisiones en el borde de grasa. • Caliente el aceite y fría los bistecs a fuego muy vivo 4 minutos por lado. Condimente con el romero desmenuzado, la sal y la pimienta. • Ponga los bistecs en una fuente, vierta sobre ellos el fondo de cocción y la salsa de ajo. • Acompañe con croquetas de patata y tomates asados.

Fritos rápidos de buey

Para que los bistecs resulten tiernos, compre carne que haya estado colgada el tiempo suficiente

Tournedós con salsa sabayon al jerez

En primer plano de la foto

- 4 tournedós de solomillo de buey de 120 g cada uno
- 2 cucharadas de mantequilla derretida
- ½ cucharadita de sal y pimienta negra recién molida
- 1 pizca de pimentón picante
- 3 yemas de huevo
- ¼ l de caldo de carne
- 1,2 dl de jerez seco
- 1 cucharada de zumo de limón

Elaborada • Rápida

Por persona aproximadamente 2 400 kJ/ 570 kcal · 47 g proteínas 37 g grasas · 1 g hidratos de carbono

Tiempo de preparación: 30 minutos

Precaliente el horno a 50°. • Fría los tournedós en la mantequilla derretida 4 minutos a fuego vivo, dándoles la vuelta con frecuencia; salpiméntelos ligeramente y déjelos reposar tapados durante 15 minutos en el horno. • Bata al baño maría el pimentón con las yemas de huevo y un poco de sal y pimienta, hasta que la mezcla esté espumosa. • Mezcle el caldo de carne con el jerez y viértalo en forma de chorrito fino sobre las yemas de huevo hasta detener una salsa cremosa. Condiméntelo con el zumo de limón. • Ponga los tournedós en platos y rodéelos con la salsa sabayon. • Acompáñelos con patatitas nuevas fritas y ensalada de endibia con kiwis.

Lomo de buey con costra de tuétano a las hierbas

Al fondo de la foto

- 2 huesos grandes con tuétano
- 750 g de lomo de buey tierno
- 3 cucharadas de mantequilla derretida
- 1 cucharadita de sal y pimienta negra recién molida
- 1 pizca de nuez moscada recién rallada
- 2 manojos de perejil
- 1 manojo de albahaca
- 3 dientes de ajo
- 7 cucharadas de pan rallado

Coste medio • Elaborada

Por persona aproximadamente 2 000 kJ/ 480 kcal · 44 g proteínas 28 g grasas · 14 g hidratos de carbono

Tiempo de preparación: 50 minutos

Saque el tuétano de los huesos. • Lave el lomo, séquelo y fríalo 12 minutos por lado, primero a fuego vivo y luego a fuego moderado, condiméntelo con sal, pimienta y la nuez moscada, retírelo del fuego y déjelo reposar 15 minutos tapado. • Precaliente el horno a 250°. • Lave las hierbas, escúrralas agitándolas y píquelas finamente. Añádales los dientes de ajo prensados y el pan rallado. • Trocee el tuétano, mézclelo con las hierbas, sazone con sal y bastante pimienta y unte la preparación sobre la carne. • Coloque el lomo sobre papel aluminio y déjelo dorar bajo el grill del horno, colocado en la parrilla del segundo piso. • Trinche el lomo. • Acompáñelo con patatitas nuevas y tirabeques.

Bistecs de buey con gérmenes tiernos

Los gérmenes ricos en vitaminas pueden obtenerse de numerosas semillas

Cadera de buey con gérmenes de soja

Al fondo de la foto

- 150 g de gérmenes de soja frescos
- 1 manojo de cebollas tiernas
- 4 bistecs de cadera de buey de 150 g cada uno
- 4 pizcas de pimienta negra recién molida
- 1 cucharada de aceite de pepitas de uva
- Sal marina
- 2 cucharadas de mantequilla
- 1 cucharada de salsa de soja, crema de leche y coñac

Receta integral • Rápida

Por persona aproximadamente
1 400 kJ/
330 kcal · 34 g proteínas
19 g grasas · 4 g hidratos de carbono

Tiempo de preparación: 30 minutos

Escalde los brotes de soja en un colador sumergido en agua hirviendo a borbotones 3 minutos y déjelos escurrir. • Lave las cebollas, pártalas por la mitad y córtelas a lo largo en trozos de unos 2 cm de largo. • Lave los bistecs con agua fría, séquelos y frótelos con la pimienta. • Unte una sartén-parrilla con aceite. Fría en ella los bistecs a fuego vivo 3 minutos por lado, sazónelos y consérvelos al calor tapados. • Derrita la mantequilla, fría en ella los gérmenes y las cebollas, removiéndolos durante 5 minutos escasos a fuego moderado. Retire el recipiente del fuego; añádale, removiendo, la salsa de soja, la crema de leche y el coñac, sale y presente la verdura con los bistecs. • Sírvalos con patatas asadas envueltas en papel aluminio.

Lomo de buey con gérmenes de mostaza

En primer plano de la foto

- 1 cucharada de granos de mostaza germinativos
- 4 cebollas grandes
- 4 cucharadas de aceite de pepitas de uva
- 4 bistecs de lomo de buey de 150 g cada uno
- 2 pizcas de pimienta negra recién molida y sal marina
- 1 dl de crema de leche
- 1 cucharada de mostaza semifuerte

Receta integral • Elaborada

Por persona aproximadamente
2 000 kJ/
480 kcal · 34 g proteínas
32 g grasas · 13 g hidratos de carbono

Tiempo de germinación: 5 días
Tiempo de preparación: 20 minutos

Ponga a germinar los granos de mostaza 5 días antes. • Al cabo de este tiempo corte los gérmenes de los granos con las tijeras, lávelos y déjelos escurrir. • Pele las cebollas, córtelas en anillos finos, dórelas en el aceite, sáquelas con una espumadera y resérvelas en una fuente precalentada. • Lave los bistecs, séquelos y frótelos con la pimienta • Vuelva a calentar el aceite, fría en él los bistecs a fuego vivo 4 minutos por lado, póngalos sobre las cebollas y sazónelos. • Añada la crema al fondo de cocción, remueva y agregue la mostaza, sazone la salsa, viértala sobre los bistecs y esparza sobre éstos los gérmenes de mostaza.

Solomillo con queso azul

Los bistecs gratinados con queso son un auténtico placer

600 g de solomillo de buey (preferentemente cortado del centro)
2 cucharadas de mantequilla derretida
2 pizcas de pimienta negra recién molida
100 g de queso azul, Roquefort, Cabrales o Gorgonzola
1 cucharada de crema de leche
1 cucharada de petit suisse

Coste medio • Rápida

Por persona aproximadamente 1 500 kJ/ 360 kcal · 36 g proteínas 22 g grasas · 0 g hidratos de carbono

Tiempo de preparación: 30 minutos

Precaliente el horno a 250°. • Corte el solomillo en cuatro trozos iguales. Lave los filetes con agua fría y séquelos. • Caliente la mantequilla derretida en una sartén grande de fondo grueso a fuego vivo. Ponga los filetes de solomillo en la grasa y baje la temperatura a calor medio. Fría los bistecs de solomillo durante 2 a 3 minutos por lado. Saque los bistecs de la sartén, sazónelos con la pimienta y déjelos reposar tapados. • Aplaste el queso con un tenedor y bátalo con la crema y el petit suisse hasta obtener una crema suave. • Coloque los bistecs uno al lado del otro en una fuente refractaria y reparta la crema de queso por igual sobre ellos. • Ponga los bistecs bajo el grill del horno hasta que el queso se derrita y adquiera un ligero color tostado. • Acompañe con palitos crujientes y una ensalada de lechuga, apio y tomates, aliñada con vinagre y aceite.

Solomillo con puré de setas

Las setas mejoran el sabor de los bistecs

300 g de setas de cardo
3 cucharadas de aceite
2 escalonias
1 cucharada de mantequilla
4 bistecs de solomillo de buey de 150 g cada uno
1 cucharadita de sal y pimienta blanca recién molida
2 cucharadas de crema de leche
1 cucharada de petit suisse
1 cucharada de salsa Worcester
1 cucharadita de corteza de limón rallada de 1 limón
1 cucharada de zumo de limón
3 cebollas tiernas

Coste medio

Por persona aproximadamente 1 400 kJ/ 330 kcal · 32 g proteínas 20 g grasas · 7 g hidratos de carbono

Tiempo de preparación: 50 minutos

Lave las setas, límpielas, córtelas en tiras, deles una vuelta en la sartén con 1 cucharada de aceite y déjelas cocer durante 15 minutos en su propio jugo. • Pele las escalonias, píquelas, mézclelas con las setas y redúzcalas a puré. • Caliente el resto del aceite junto con la mantequilla, fría en él los bistecs a fuego vivo durante 2 a 3 minutos por lado, sáquelos de la sartén, salpiméntelos, envuélvalos en papel de aluminio y déjelos reposar 15 minutos. • Ponga el puré de setas otra vez en la sartén, añádale la crema y el petit suisse; déjelo cocer 15 minutos lentamente y condiméntelo con sal, pimienta, la salsa Worcester, la corteza y el zumo de limón. • Limpie las cebollas, córtelas en anillos finos y mézclelas con el puré. • Agregue los bistecs, con el fondo de cocción que hayan soltado al puré de setas y caliéntelos con él. • Acompañe con panecillos o patatas.

Chateaubriand con salsa de pomelo

Receta provenzal con costra de hierbas y receta normanda con Calvados

2 pomelos rosados
125 g de mantequilla ablandada
½ cucharadita de sal y pimienta blanca recién molida
1 cucharada de salsa de soja
1 pizca de pimienta de Cayena
2 cucharadas de aceite
750 g de solomillo de buey tierno
1 manojo de berros

Fácil

Por persona aproximadamente 1 300 kJ/ 310 kcal · 37 g proteínas 14 g grasas · 12 g hidratos de carbono

Tiempo de preparación: 45 minutos
Tiempo de cocción: 30 minutos

Exprima un pomelo, pele el segundo, córtelo en gajos y póngalo a enfriar. • Mezcle el zumo de pomelo con la mantequilla y condiméntelo con la mitad de la sal, la pimienta, la salsa de soja y la pimienta de Cayena. Ponga a enfriar la mezcla en la nevera durante 30 minutos como mínimo. • Precaliente el horno a 170°. • Caliente el aceite en una fuente de hierro a fuego vivo y dé una vuelta a la carne, tape el recipiente y continúe asando la carne en el horno durante 25 minutos. • Salpimente después la carne, envuélvala en papel aluminio y consérvela caliente en el horno apagado. • Tire la grasa de cocción, derrita la mezcla de mantequilla y zumo en la fuente; deje cocer a fuego lento hasta que se reduzca en un tercio y sazónela. • Caliente los gajos de pomelo en la salsa. Corte las hojitas de berro, lávelas en un colador, déjelas escurrir y espárzalas en la salsa. • Trinche la carne y cúbrala con la salsa. • Acompañe este plato con tallarines.

Entrecot con salsa de aguacates

Los aguacates maduros conservan todo su aroma

1 entrecots de 180 g cada uno
3 cucharadas de mantequilla derretida
1 cucharadita de sal y pimienta blanca recién molida
1 pizca de condimentador para carnes
2 aguacates maduros
El zumo de 1 limón
2 cucharadas de crema de leche
1 cucharada de petit suisse
1 pizca de pimienta de Cayena
2 cucharadas de cebollino picado

Coste medio • Fácil

Por persona aproximadamente 2 300 kJ/
550 kcal · 37 g proteínas
43 g grasas · 5 g hidratos de carbono

Tiempo de preparación: 45 minutos

Lave los entrecots, séquelos y fríalos en la mantequilla derretida a fuego vivo 3 minutos por lado. Sazónelos con sal, pimienta y el condimentador de carne y consérvelos calientes tapados. • Pele los aguacates, córtelos por la mitad a lo largo y saque los huesos. Rocíe los frutos con zumo de limón para que no se oscurezcan. • Reserve medio aguacate y reduzca las mitades restantes a puré con la batidora junto con la crema y el petit suisse. • Tire la grasa de cocción de la carne, caliente la salsa en la sartén, pero sin dejar que hierva y condiméntela con sal, pimienta y la pimienta de Cayena. • Caliente la carne con el fondo que haya desprendido en la salsa y esparza los aritos de cebollino por encima. • Corte la mitad de aguacate reservado en gajos y rocíe con zumo de limón. • Ponga los entrecots con la salsa en una fuente precalentada y adórnelos con los gajos de aguacate. • Acompañe con arroz rehogado en mantequilla.

Bistec Porterhouse con salsa de mostaza

En Dijon existe un comercio dedicado a sus famosas mostazas

1 bistec Porterhouse o chuletón de 750 g
3 cucharadas de aceite
1 cucharadita de sal y pimienta negra recién molida
½ cucharadita de tomillo
2 escalonias
¼ de l de vino blanco seco
5 cucharadas de mostaza de Dijon
2 cucharadas de crema de leche
1 cucharada de petit suisse
1 pizca de pimienta de Cayena

Receta clásica

Por persona 1 600 kJ/
380 kcal · 38 g proteínas
20 g grasas · 5 g hidratos de carbono

Tiempo de preparación: 50 minutos

Precaliente el horno a 50°. • Lave el bistec Porterhouse, séquelo y fríalo en el aceite caliente durante 10 minutos, primero a fuego vivo y después a fuego moderado, salpiméntelo y póngale el tomillo. • Envuelva el bistec en papel de aluminio y consérvelo caliente en el horno durante 15 minutos. • Pele las escalonias, píquelas muy finamente y dórelas en la grasa de freír la carne. • Añada el vino blanco y déjelo hervir hasta que se reduzca a la mitad. • Incorpore la mostaza, la crema y el petit suisse a la salsa removiéndola con la batidora de varillas, déjela cocer suavemente 5 minutos y condiméntela con sal, pimienta y la pimienta de Cayena. • Corte la carne en tiras en sentido contrario al de la fibra. Añada el fondo desprendido a la salsa. • Ponga la carne en una fuente precalentada y vierta la salsa por encima. • Sírvalo con patatitas nuevas y zanahorias glaseadas.

Nuestra sugerencia: en lugar de la mostaza puede utilizar para la salsa raiforte recién rallado.

Corzo en una presentación muy festiva

Conviene freír ligeramente las partes más finas del venado

Medallones de corzo con frutas

A la izquierda de la foto

- 300 g de piña fresca
- 1 naranja grande · 1 plátano
- 1 manzana ácida grande
- 2 cucharadas de zumo de limón
- 2 cucharadas de Cointreau
- 600 g de solomillo de corzo
- 4 rebanadas de pan blanco cortado redondo, de aproximadamente 1½ cm de grosor
- 4 cucharadas de mantequilla
- ½ cucharadita de sal
- 4 pizcas de pimienta blanca recién molida

Elaborada

Por persona aproximadamente 2 000 kJ/ 480 kcal · 37 g proteínas 15 g grasas · 44 g de hidratos de carbono

Tiempo de preparación: 45 min

Pele la piña, quítele el corazón leñoso y córtela en dados. Pele la naranja y trocéela. Pele el plátano y la manzana y córtelos en rodajitas. • Mezcle las frutas con el zumo de limón y el Cointreau y déjelas reposar tapadas. • Lave el solomillo de corzo, séquelo y quítele todas las pieles. Corte el solomillo en cuatro medallones iguales y aplástelos con la palma de la mano. • Corte el pan del tamaño de los medallones. • Caliente 2 cucharadas de mantequilla y fría en ella las rebanadas de pan por ambos lados. • Precaliente el horno a 100°, caliente en él los platos y mantenga calientes las rebanadas. • Derrita el resto de la mantequilla, fría los medallones 3 minutos por ambos lados y salpiméntelos al darles vuelta. Deberán conservarse por dentro ligeramente rosados. • Coloque los medallones sobre las rebanadas, vierta por encima la mantequilla en que frió el pan y sírvalos con las frutas.

Filetes de corzo flameados

A la derecha de la foto

- 4 filetes de corzo de 150 g cada uno
- 2 cucharadas de nueces
- 1 cucharadita de romero seco
- 2 kiwis
- 1 cucharada de mantequilla
- 4 nueces
- ½ cucharadita de sal
- 4 pizcas de pimienta blanca recién molida
- 2 cucharadas de coñac

Elaborada • Receta clásica

Por persona aproximadamente 1 200 kJ/ 290 kcal · 34 g proteínas 11 g grasas · 7 g hidratos de carbono

Tiempo de adobo: 2 horas
Tiempo de preparación: 30 minutos

Lave los filetes de corzo, séquelos, quíteles todas las pieles y haga que penetre el aceite presionando con los dedos. • Desmenuce el romero y espárzalo sobre los filetes, colóquelos uno encima de otro, envuélvalos en papel de aluminio y déjelos adobar durante 2 horas en el frigorífico. • Pele los kiwis, córtelos en rodajas y caliéntelos en la mantequilla derretida, pero sin que se doren. • Pique groseramente las nueces. • Caliente una sartén de fondo grueso, fría en ella los filetes de corzo a fuego vivo de 2 a 3 minutos por lado, salpiméntelos y póngalos en un plato. Esparza sobre los filetes las nueces picadas y distribuya por encima las rodajas de kiwi. • Caliente el coñac en un cucharón sobre la llama de una vela, rocíe con él los filetes, préndales fuego y deje que flameen. • Sirva este plato con croquetas de patata.

Solomillo de ciervo con rebozuelos

El solomillo de ciervo es una de las piezas más delicadas del venado

- 750 g de solomillo de ciervo
- 6 bayas de enebro y de pimienta blanca
- 1 cucharadita de tomillo seco
- ½ dl de vino de Oporto o de Jerez
- 4 escalonias
- 1 puñado de perifollo
- 500 g de rebozuelos
- 50 g de tocino
- Sal
- Pimienta blanca recién molida
- 50 g de mantequilla
- 2 cucharadas de aceite
- 2 dl de crema de leche

Elaborada

Por persona aproximadamente 2 900 kJ/ 690 kcal · 49 g proteínas 46 g grasas · 9 g hidratos de carbono

Tiempo de adobo: 4 horas
Tiempo de preparación: 35 minutos

Lave el solomillo de ciervo, séquelo, córtelo en 8 bistecs y aplástelos con la palma de la mano. • Machaque en el mortero las bayas de enebro y los granos de pimienta blanca y añádales el tomillo y los granos de pimienta negra. • Pase los bistecs por esta mezcla, rocíelos con 3 cucharadas de vino de Oporto y déjelos adobar tapados durante 4 horas; deles la vuelta con frecuencia. • Pique finamente las escalonias y el perifollo. Corte en dados el tocino. Limpie las setas y córtelas en trocitos. • Ponga a derretir el tocino y agregue la mitad de las escalonias y las setas, remueva 1 minuto, salpimente, deje cocer 5 minutos y reserve al calor. • Fría los bistecs en la mantequilla y el aceite a fuego vivo 3 minutos por lado, sazónelos ligeramente y consérvelos al calor. • Añada a la grasa en que se frieron el resto de las escalonias, el vino de Oporto y la crema de leche; deje reducir la mezcla un poco removiéndola y salpimente. • Ponga los bistecs en platos, cúbralos con las setas, espolvoree sobre ellos el perifollo y vierta la salsa por encima. • Sirva con confitura de arándanos y tallarines.

Chuletas de cordero con judías

Para todos los que aprecian la alimentación integral sana y sabrosa

1 cebolla
500 g de judías verdes tiernas
2 cucharadas de aceite de oliva
50 g de granos de trigo verde triturados
1 cucharadita de cubito de verduras y ajedrea seca
½ cucharadita de albahaca finamente picada, fresca o seca
3 pizcas de pimienta negra recién molida
4 chuletas de centro de cordero dobles de unos 160 g cada una
2 cucharadas de aceite de pepitas de uva
4 pizcas de sal
4 cucharadas de vino tinto seco
1 tomate carnoso

Receta integral • Rápida

Por persona aproximadamente 3 100 kJ/
740 kcal · 28 g proteínas
58 g grasas · 22 g hidratos de carbono

Tiempo de preparación: 15 minutos
Tiempo de cocción: 30 minutos

Pique la cebolla. • Lave las judías, prepárelas y trocéelas. • Caliente el aceite, sofría en él la cebolla y el trigo verde, removiendo con frecuencia hasta que la cebolla esté dorada y el grano con manchas claras. • Ponga las judías verdes en un cazo con 3,5 dl de agua, el cubito, las hierbas y una pizca de pimienta y deje cocer a fuego lento 25 minutos. • Lave las chuletas con agua fría, séquelas, haga unas incisiones en los bordes de grasa, a una distancia de unos 5 cm. Frote la carne con pimienta. • Caliente el aceite, fría las chuletas a fuego moderado de 3 a 4 minutos por lado, hasta que estén doradas. • Ponga a escurrir las judías, mézclelas con el trigo triturado y ponga la verdura en una fuente precalentada. Ponga las chuletas al lado y sazónelas. • Añada al fondo de cocción de las chuletas el vino tinto, dele un hervor, viértalo sobre las chuletas y adorne la fuente con tomates en octavos.

Chuletas de cordero al estilo mediterráneo

El ajo es el condimento más adecuado para la carne de cordero

Chuletas de cordero a la salvia

A la izquierda de la foto

4 chuletas de centro de cordero dobles de 160 g cada una
½ cucharadita de pimienta negra recién molida
1 diente de ajo
4 cucharadas de aceite
4 pizcas de sal
1,2 dl de vino tinto seco
2 ramitas de salvia fresca

Rápida • Fácil

Por persona aproximadamente 3 300 kJ/ 790 kcal · 30 g proteínas 72 g grasas · 1 g hidratos de carbono

Tiempo de preparación: 30 minutos

Lave las chuletas con agua fría, séquelas y haga varias incisiones en el borde de grasa. Frote las chuletas con la pimienta. • Pele el diente de ajo, prénselo y repártalo por las chuletas. • Precaliente el horno a 50°. • Caliente el aceite en una sartén grande. Fría dos chuletas cada vez a fuego vivo 3 minutos por lado, sazónelas y consérvelas calientes en el horno. • Añada el vino tinto al fondo de cocción de la carne y déjelo hervir en la sartén sin tapar, hasta que se reduzca un poco. • Arranque las hojitas de salvia de los tallos, lávelas, séquelas, córtelas en tiras finas y añádalas a la salsa. Cubra las chuletas con la salsa. • Acompañe con judías verdes y croquetas de patata.

Chuletas de cordero con queso de oveja

A la derecha de la foto

4 chuletas de centro de cordero dobles de 160 g cada una
2 dientes de ajo
½ cucharadita de pimienta negra recién molida
4 cucharadas de aceite de oliva
4 pizcas de sal
100 g de queso de oveja
1 cucharada de tomillo y orégano picados o, en su lugar, ½ cucharadita de hierbas secas

Fácil • Rápida

Por persona aproximadamente 3 500 kJ/ 830 kcal · 34 g proteínas 77 g grasas · 1 g hidratos de carbono

Tiempo de preparación: 30 minutos

Precaliente el horno o el grill eléctrico a 220°. • Lave las chuletas con agua fría, séquelas y haga varias incisiones en los bordes de grasa. • Pele los dientes de ajo, prénselos, mézclelos con la pimienta y unte con ello las chuletas. • Caliente el aceite de oliva en una sartén grande, y fría en ella las chuletas a fuego vivo 3 minutos por lado y sazónelas a continuación. • Desmenuce el queso de oveja y mézclelo con las hierbas. • En la placa del horno engrasada o sobre papel de aluminio colocado en la parrilla del horno, cubra las chuletas con el queso de oveja y deje que se doren en el piso superior unos 7 minutos. • Sirva las chuletas con tomates asados condimentados con orégano y pan blanco crujiente. En Grecia este plato típico se acompaña con un vino tinto fuerte.

Carne tierna de cordero, con sabrosos condimentos

Estos platos demuestran lo sabrosa que es la carne de cordero

Chuletas de cordero con crema de ajo

Al fondo de la foto

- 1 aguacate maduro
- 1 cucharadita de sal
- 4 dientes de ajo
- 1,2 dl de crema de leche espesa
- 2 cucharadas de albahaca finamente picada
- 4 chuletas de centro de cordero dobles de 150 g cada una
- 1 cucharada de mantequilla
- 4 pizcas de pimienta blanca recién molida
- 1 cucharada de harina
- 2 cucharadas de mantequilla ablandada

Receta clásica • Rápida

Por persona aproximadamente 3 600 kJ/
860 kcal · 25 g proteínas
81 g grasas · 7 g hidratos de carbono

Tiempo de preparación: 30 minutos

Corte el aguacate por la mitad a lo largo, quítele el hueso, saque la carne de las cáscaras, páselo por un tamiz de malla fina y mézclelo con ½ cucharadita de sal, y el ajo pasado por el prensaajos. • Bata la crema de leche hasta que esté espesa, mézclela con la crema de aguacates y la albahaca y póngala en el frigorífico. • Lave las chuletas, séquelas y elimine los bordes grasientos gruesos. Haga una incisión de 5 cm a lo largo del hueso. • Derrita la mantequilla. Unte las chuletas con la sal restante y la pimienta, páselas por la mantequilla y la harina. • Caliente la mantequilla y fría las chuletas a fuego vivo 3 minutos por lado. • Ponga las chuletas en una fuente, y cúbralas con la crema de ajo. • Sírvalas con brécoles hervidos y almendras fileteadas.

Medallones de cordero con tomates al queso

En primer plano de la foto

- 1,2 dl de caldo de carne
- 8 tomates maduros pequeños
- 4 medallones de cordero de 120 g cada uno
- 5 cucharadas de mantequilla
- ½ cucharadita de pimentón dulce · 1 cucharadita de sal
- 8 cucharaditas de queso emmental rallado
- 4 cucharadas de aceite de semillas
- 4 cucharadas de pan rallado

Coste medio

Por persona 2 900 kJ/
690 kcal · 23 g proteínas
61 g grasas · 13 g hidratos de carbono

Tiempo de preparación: 40 min

Precaliente el horno a 230°. • Caliente el caldo. • Lave los tomates y haga unas incisiones en el lado redondeado hasta llegar a la mitad. Separe las incisiones presionando con la mano y sazone los tomates. • Ponga los tomates en un molde refractario, vierta por encima el caldo y áselos en el horno 10 min. • Lave los medallones de cordero, séquelos, quíteles la grasa y las pieles, aplástelos un poco y átelos horizontalmente con un bramante, dándoles forma. • Derrita 2 cucharadas de mantequilla. Frote los medallones con la sal restante y el pimentón y páselos por la mantequilla. • Espolvoree sobre cada tomate una cucharadita de queso, cúbralos con copitos de mantequilla y póngalos a dorar en el horno 10 min. • Caliente el aceite. Pase los medallones por el pan rallado y fríalos 3 min por lado. • Presente los medallones con los tomates al queso. • Acompañe con pan untado con ajo.

Albóndigas de cordero con salsa de anchoas

Una atractiva combinación para animar el menú

- 1 panecillo de la vigilia
- 600 g de paletilla de cordero (hágasela picar por el carnicero)
- 1 cebolla grande
- 4 cucharadas de mantequilla
- 3 dientes de ajo
- 2 manojos de perejil
- 1 huevo
- 1 yema de huevo
- 1 cucharadita de sal y pimienta negra recién molida
- 1 cucharadita de corteza de limón rallada y orégano seco
- 1 pizca de pimienta de Cayena
- 3 cucharadas de aceite
- 3 cucharadas de alcaparras
- 1,2 dl de vino blanco seco
- 2 filetes de anchoa
- 2 cucharadas de crema de leche
- 2 cucharadas de petit suisse
- El zumo de ½ limón

Elaborada

Por persona aproximadamente 3 300 kJ/ 790 kcal · 44 g proteínas 59 g grasas · 16 g hidratos de carbono

Tiempo de preparación: 1 hora

Ponga a remojar el panecillo en agua fría, escúrralo y añádalo a la carne picada. • Precaliente el horno a 50°. • Pique la cebolla finamente y póngala a dorar en 2 cucharadas de mantequilla. Añádale los dientes de ajo pasados por el prensaajos. • Pique el perejil y añádalo también. • Amase esta mezcla con el huevo, la yema de huevo, las especias y la carne picada. • Forme con la carne pequeñas bolas, aplástelas un poco y fríalas en aceite caliente. • Conserve las albóndigas calientes en el horno. • Caliente el resto de la mantequilla, añádale 2 cucharadas de alcaparras, el vino blanco, los filetes de anchoa, la crema y el petit suisse mezclados. Deje cocer la salsa suavemente 10 minutos y pásela por la batidora. • Añada el resto de las alcaparras y el zumo de limón a la salsa y sírvala con las albóndigas de cordero. • Acompañe este plato con panecillos de sésamo.

Chuletas de cerdo sobre patatas gratinadas

Con este sistema de cocción las patatas adquieren el aroma de la carne

500 g de patatas harinosas
2 cebollas
2 cucharadas de manteca
1 cucharadita de sal, pimienta negra recién molida y tomillo seco
¼ de l de caldo de carne
4 chuletas de cerdo de 180 g cada una
1 manojo de perejil
2 dientes de ajo
½ dl de crema de leche
1 petit suisse grande

Elaborada

Por persona aproximadamente 3 600 kJ/ 860 kcal · 28 g proteínas 61 g grasas · 34 g hidratos de carbono

Tiempo de preparación: 30 minutos
Tiempo de cocción: 1 hora

Precaliente el horno a 200°. • Pele las patatas, lávelas y córtelas en rodajas finas. • Pele las cebollas y córtelas en anillos finos. • Derrita la mitad de la manteca en una fuente refractaria. Coloque encima las rodajas de patata alternándolas con los anillos de cebolla. Condimente cada capa con sal, pimienta y el tomillo. • Vierta el caldo de carne sobre las patatas, tape la fuente con papel de aluminio e introduzca en el horno 40 minutos. • Lave las chuletas, séquelas, haga varios cortes en los bordes, fríalas en el resto de la manteca bien caliente y a fuego vivo 2 minutos por lado y salpiméntelas. • Lave el perejil y píquelo. Pele el ajo, páselo por el prensaajos, mézclelo con la crema, el petit suisse y el perejil y salpiméntelo. • Coloque las chuletas sobre el gratinador, cúbralas con la crema de hierbas y póngalas a dorar en el horno 20 minutos. • Sirva este plato con una ensalada verde.

Chuletas de la cocina francesa

Los frutos frescos proporcionan un acento exótico

Chuletas a la provenzal

En primer plano de la foto

4 chuletas de cerdo de 180 g cada una
8 cucharadas de aceite de oliva
1 manojo de perejil
2 dientes de ajo
½ cucharadita de romero seco y tomillo
2 cucharadas de pan rallado
½ cucharadita de sal y pimienta negra recién molida

Económica • Fácil

Por persona aproximadamente 3 200 kJ/ 760 kcal · 28 g proteínas 71 g grasas · 5 g hidratos de carbono

Tiempo de preparación: 30 minutos

Lave las chuletas, séquelas, haga unas incisiones a lo largo del hueso y en los bordes grasientos. • Caliente 3 cucharadas de aceite y fría las chuletas a fuego vivo 4 minutos por lado. • Precaliente el horno o el grill eléctrico a 220°. • Lave el perejil, escúrralo bien y píquelo finamente. • Pele los dientes de ajo, páselos por el prensaajos y mézclelos con el perejil, el romero, el tomillo, el pan rallado y el resto del aceite de oliva. • Salpimente las chuletas, cúbralas con la pasta de hierbas y póngalas a dorar en el horno o bajo el grill. • Acompáñelas con tomates asados y maíz hervido.

Chuletas con manzanas a la normanda

Al fondo de la foto

2 cebollas
2 manzanas pequeñas ácidas
4 chuletas de cerdo de 180 g cada una
3 cucharadas de manteca
½ cucharadita de sal y pimienta negra recién molida
1 cucharadita de mejorana seca
3 cucharadas de Calvados (aguardiente de manzanas)
½ manojo de perejil

Fácil

Por persona aproximadamente 3 100 kJ/ 740 kcal · 29 g proteínas 63 g grasas · 13 g hidratos de carbono

Tiempo de preparación: 40 minutos

Precaliente el horno a 50°. • Pele las cebollas y córtelas en rodajas. • Pele las manzanas, cuartéelas, quíteles el corazón y corte cada trozo en rodajas. • Lave las chuletas, séquelas, haga incisiones a lo largo del hueso y en los bordes con grasa. • Caliente la manteca y fría en ella las chuletas 4 minutos por lado a fuego vivo, salpiméntelas y espolvoréelas con un poco de mejorana. • Conserve las chuletas calientes en el horno. • Fría los anillos de cebolla 5 minutos en el fondo de cocción de la carne, añada las rodajas de manzana y deje cocer otros 5 minutos. Vierta el Calvados y condimente con el resto de la sal, la pimienta y la mejorana. • Lave el perejil, píquelo, espárzalo sobre las manzanas y cubra con ello las chuletas. • Sirva este plato con puré de patata.

Sabrosos escalopes de cerdo

Platos de gran aceptación que exigen poco trabajo

Escalopes de cerdo con empanado de queso

A la izquierda de la foto

50 g de queso emmental
½ cucharadita de orégano seco y
pimienta blanca recién molida
75 g de pan rallado
2 huevos
4 cucharadas de harina
4 escalopes finos de cerdo de
150 g cada uno
4 pizcas de sal
3 cucharadas de mantequilla
5 cucharadas de aceite
1 limón

Económica • Rápida

Por persona aproximadamente
2 600 kJ/
620 kcal · 45 g proteínas
38 g grasas · 22 g hidratos de carbono

Tiempo de preparación: 20 minutos

Ralle muy finamente el queso. Aplaste el orégano en el mortero y mézclelo con el queso, la pimienta y el pan rallado. • Bata los huevos y ponga la harina en un plato. • Lave los escalopes, séquelos y sazónelos. • Caliente la mantequilla con el aceite. • Pase los escalopes primero por la harina y después por el huevo, déjelos escurrir un poco y páselos por la mezcla de pan rallado, sacudiendo el que no esté bien adherido. • Fría los escalopes en la grasa caliente a fuego moderado de 4 a 5 minutos por lado. • Lave el limón con agua caliente, séquelo y corte del centro 4 rodajas finas. • Sirva los escalopes con las rodajas de limón encima.

Escalopes de cerdo con crema roja

A la derecha de la foto

3 pimientos rojos pequeños
1 cebolla
2 dientes de ajo
4 escalopes de cerdo de 150 g
cada uno
1 cucharada de aceite
2 cucharadas de mantequilla
½ cucharadita de sal y pimienta
negra recién molida
1 cucharada de pimentón dulce
1 cucharadita de pimentón
picante
2 dl de crema de leche

Económica • Fácil

Por persona aproximadamente
2 100 kJ/
500 kcal · 34 g proteínas
35 g grasas · 10 g de hidratos de carbono

Tiempo de preparación: 50 min

Corte los pimientos por la mitad, quíteles las semillas y las membranas, lávelos, séquelos y córtelos en tiras finas. • Pele la cebolla y los dientes de ajo y píquelos. • Lave los escalopes de cerdo y séquelos. • Caliente el aceite y la mantequilla, fría los filetes 4 minutos por lado a fuego vivo, salpiméntelos, póngalos en una fuente y cúbralos con papel de aluminio. • Fría a fuego lento 15 minutos la cebolla y el ajo picado con dos tercios de pimiento en el fondo de cocción de la carne, salpimente, espolvoree con el pimentón, lleve a ebullición con ¼ de l de agua y páselo por la batidora. • Ponga este puré en la sartén, dele un hervor con la crema y el resto de las tiras de pimiento. • Agregue los escalopes con el jugo que hayan soltado a la salsa y caliéntelos en ella. • Acompañe este plato con tallarines.

Medallones de cerdo con puré de aguacates

El sabor de los aguacates armoniza con el solomillo de cerdo

600 g de solomillo de cerdo
1 diente de ajo
½ cucharadita de pimienta negra recién molida, pimentón dulce y curry en polvo
3 cucharadas de aceite
1 cucharadita de sal
1 puerro
1,2 dl de vino blanco seco
2 aguacates maduros
1 cucharada de crema de leche
1 cucharada de petit suisse
1 ramita de toronjil

Coste medio

Por persona aproximadamente 2 700 kJ/
640 kcal · 32 g proteínas
51 g grasas · 9 g hidratos de carbono

Tiempo de preparación: 30 minutos

Precaliente el horno a 50°. • Lave el solomillo y séquelo. • Pele el diente de ajo, páselo por el prensaajos y mézclelo con las especias. • Corte la carne en filetes de 3 cm de grosor, aplástelos ligeramente y frótelos bien con la mezcla de especias. • Caliente el aceite, fría los medallones a fuego moderado 5 minutos por lado, sazónelos y consérvelos calientes en el horno. • Quítele al puerro la parte de la raíz y las puntas oscuras de las hojas, córtelo por la mitad a lo largo, lávelo y píquelo finamente. • Ponga a freír el ajo en el fondo de cocción de la carne, añada el vino blanco y déjelo evaporar. • Pele los aguacates, córtelos por la mitad, quíteles los huesos, aplaste la carne con un tenedor y mézclelos con el puerro junto con la crema y el petit suisse. Sazone el puré y caliéntelo. • Distribuya el puré al lado de los medallones y adorne con las hojitas de toronjil, si lo desea.

Medallones de cerdo con juliana de zanahorias

Para la juliana, deberá cortar la verdura en tiras extremadamente finas

250 g de zanahorias
100 g de apio
1 cebolla
600 g de solomillo de cerdo
½ cucharadita de curry en polvo y tomillo seco
25 g de manteca
1 cucharadita de sal
2 cucharadas de salsa de soja
1,2 dl de caldo de carne
2 cucharaditas de maicena
1 cucharada de zumo de limón
1 pizca de pimienta de Cayena y azúcar
2 cucharadas de perejil picado

Fácil

Por persona aproximadamente 1 600 kJ/
380 kcal · 30 g proteínas
22 g grasas · 14 g hidratos de carbono

Tiempo de preparación: 50 minutos

Pele las zanahorias, lávelas y córtelas en tiras muy finas (juliana). Pele el apio, lávelo y córtelo en tiras igualmente finas. Pele la cebolla y píquela finamente. • Precaliente el horno a 50°. • Lave el solomillo, séquelo, córtelo en 8 filetes, aplástelos un poco y frótelos con el curry y el tomillo. • Fría los medallones en la grasa caliente a fuego vivo de 4 a 5 minutos por lado, sazónelos y consérvelos calientes en el horno. • Rehogue la juliana de zanahorias y apio junto con la cebolla en el fondo de cocción de la carne, añada la salsa de soja y el caldo de carne y deje cocer suavemente 5 minutos. • Deslíe la maicena en el zumo de limón y agregue a la salsa para espesarla. Condimente la verdura con las especias. • Mezcle el perejil con la verdura. • Reparta la juliana de zanahorias al lado de los medallones. • Sirva con pan blanco.

Broquetas de carne para reuniones

Ponga preferentemente broquetas de un solo tipo de carne

Broquetas a la turca

A la izquierda de la foto

- 600 g de carne de carnero magra, tierna
- 5 cucharadas de aceite de oliva
- 2 pizcas de pimienta negra recién molida
- 1 cucharada de perejil recién picado y menta
- 150 g de tocino ahumado entreverado

Elaborada

Por persona aproximadamente 2 800 kJ/ 670 kcal · 31 g proteínas 61 g grasas · 1 g de hidratos de carbono

Tiempo de adobo: 4 horas
Tiempo de preparación: 25 minutos

Lave la carne, séquela, elimine la grasa y las pieles y córtela en trozos de 4 cm de ancho por 1 de grosor. • Mezcle el aceite con la pimienta y las hierbas. Vierta esta mezcla sobre la carne y déjela adobar tapada 4 horas en el frigorífico. • Corte el tocino en lonchas de 4 cm de ancho y ½ cm de grosor. Pinche alternando los trozos de tocino y de carne en 4 broquetas de metal. • Caliente una parrilla de hierro colado suficientemente grande. • Ase en ella las broquetas de 12 a 15 minutos, dándoles la vuelta con frecuencia; durante el proceso úntelas repetidamente con el aceite del adobo. Acompañe con arroz y ensalada de tomate.

Nuestra sugerencia: Como puede ver en la foto, las broquetas pueden prepararse más sabrosas, ensartando entre la carne trozos de cebolla y pimiento.

Broquetas de solomillo con ciruelas pasas

A la derecha de la foto

- 250 g de ciruelas pasas deshuesadas
- 3,5 dl de vino blanco seco
- 1 cucharadita de pimienta blanca en grano
- 1 clavo
- 1 cucharadita de coriandro en grano
- 1 guindilla
- 1 cucharadita de sal
- 500 g de solomillo de cerdo
- ½ cucharadita de pimienta negra recién molida
- 1 cucharadita de pimentón picante
- 3 cucharadas de mantequilla ablandada

Elaborada

Por persona aproximadamente 2 100 kJ/ 500 kcal · 25 g proteínas 20 g grasas · 45 g hidratos de carbono

Tiempo de preparación: 1¼ horas

Ponga a cocer suavemente las ciruelas con el vino, los granos de pimienta, el clavo, el coriandro, la guindilla y un poco de sal durante 10 minutos, retírelas del fuego y déjelas reposar en el líquido 30 minutos. • Lave la carne, séquela y córtela en dados del tamaño de una ciruela, frótela con la sal, la pimienta y el pimentón. • Ponga a escurrir las ciruelas, séquelas y ensártelas en broquetas alternándolas con los dados de carne. • Caliente la mantequilla derretida en una sartén suficientemente grande y fría en ella las broquetas de 15 a 20 minutos. • Acompáñelas con arroz blanco con salsa de mantequilla al curry.

Costillar a la parrilla

Indicadas para una parrillada en el jardín, pero también constituyen un placer con el grill eléctrico

- 4 cucharadas de miel
- 4 cucharadas de tomate concentrado
- 1 cucharada de salsa de soja
- 4 dientes de ajo
- ½ cucharadita de sal y pimienta negra recién molida
- 1 pizca de pimentón picante
- 2 kg de costillar de cerdo troceado por el carnicero
- 2 cucharadas de aceite

Elaborada • Especialidad de USA

Por persona aproximadamente 3 900 kJ/
930 kcal · 39 g proteínas
82 g grasas · 10 g hidratos de carbono

Tiempo de preparación: 15 minutos
Tiempo de adobo: 1 hora
Tiempo de cocción: 40 minutos

Licúe la miel en un cazo pequeño a fuego lento. • Mézclelo con el tomate concentrado y la salsa de soja. Pele los dientes de ajo, prénselos y añádalos a la mezcla. Condimente ésta con un poco de sal, pimienta y pimentón. • Lave las costillas, séquelas, frótelas con el resto de sal y pimienta, úntelas con la salsa condimentada y envuélvalas en papel de aluminio. Déjelas adobar en el frigorífico durante 1 hora. • Ponga las costillas sobre papel de aluminio aceitado, colóquelas bajo el grill y deje que cuezan de 30 a 40 minutos, según el grosor de las piezas; deles la vuelta frecuentemente durante el asado. • Acompáñelas con pan y ensalada de pepinos.

Nuestra sugerencia: El costillar de cerdo es un plato económico y fácil de encontrar en las tocinerías.

Deliciosas variantes con carne picada

Pequeños ejemplos de entre las múltiples posibilidades que ofrecen

Bistecs de carne picada con verduras

A la izquierda de la foto

- 2 cebollas grandes · 1 huevo
- 2 cucharaditas de pimentón dulce · 1 pizca de mejorana seca
- ½ cucharadita de pimienta negra recién molida y sal
- 4 cucharadas de pan rallado
- Unas gotas de salsa Worcester
- 300 g de carne picada
- 4 cucharadas de manteca
- 50 g de tocino entreverado
- 2 patatas grandes
- 1,2 dl de caldo de carne caliente
- 1 pimiento rojo · 1 calabacín
- 300 g de guisantes congelados
- 2 cucharadas de cebollino picado

Fácil • Económica

Por persona 2 600 kJ/ 620 kcal · 30 g proteínas 38 g grasas · 40 g hidratos de carbono

Tiempo de preparación: 1 hora

Pele las cebollas, corte una en aros y otra en dados. • Añada los dados junto con el huevo, las especias, el pan rallado y la salsa Worcester a la carne picada y amásela. • Precaliente el horno a 50°. • Haga 4 bistecs y fríalos en 3 cucharadas de manteca a fuego moderado 8 min por lado; consérvelos calientes en el horno. • Corte el tocino en dados pequeños y fríalo en la manteca restante. • Pele las patatas, córtelas en dados pequeños y rehóguelas en la grasa del tocino junto con los aros de cebolla. Añada el caldo de carne y deje cocer suavemente 10 min. • Lave el pimiento y el calabacín, límpielos, córtelos en trozos y póngalos a cocer junto con los guisantes y las patatas 5 min; finalmente esparza el cebollino por encima y acompañe los bistecs con las verduras.

Bistecs chinos

A la derecha de la foto

- 2 cucharadas de setas chinas secas · 5 cebollas tiernas
- 1 panecillo de la vigilia
- ½ manojo de perejil
- 1 huevo · 1 cucharadita de curry en polvo
- 1 pizca de coriandro molido y corteza de limón rallada
- ½ cucharadita de sal
- 300 g de carne de cerdo picada
- 4 cucharadas de semillas de sésamo · 2 zanahorias
- 5 cucharadas de aceite
- 2 cucharadas de salsa de soja
- 170 g de gérmenes de soja enlatados
- 3 rodajas de piña fresca
- 1 cucharada de vinagre de vino tinto · 1 pizca de azúcar
- 1 cucharadita de maicena
- 2 cucharadas de zumo de piña

Especialidad china

Por persona 2 200 kJ/ 32 kcal · 22 g proteínas 14 g grasas · 37 g hidratos de carbono

Tiempo de preparación: 1 hora

Ponga a remojar las setas y el panecillo. • Pique 2 cebollas con el perejil y amase con la carne picada, el huevo, las especias y el panecillo. • Forme 8 bistecs y páselos por las semillas de sésamo. • Precalient el horno a 50°. • Fría los bistecs 5 min por lado y consérvelos calientes en el horno. • Ponga en la sartén las zanahorias cortadas, el resto de las cebollas y las setas escurridas y cueza 5 min. • Añada la salsa de soja, los gérmenes de soja escurridos, la piña y el vinagre; prosiga la cocción 3 min. • Deslíe la maicena en el zumo de piña, ligue con ello la verdura y condimente con sal y azúcar. Sirva los bistecs con esta preparación.

Especialidades de carne picada

Los platos de carne picada pueden hacerse con cualquier tipo de carne

Bistecs tártaros

A la izquierda de la foto

- 2 dientes de ajo
- 2 escalonias
- 600 g de cadera de buey picada
- ½ cucharadita de sal y salvia seca
- 2 pizcas de pimienta negra recién molida
- 2 cucharadas de tomate concentrado
- 2 huevos
- 6 cucharadas de pan rallado
- 3 cucharadas de manteca

Receta clásica

Por persona aproximadamente 1 800 kJ/
430 kcal · 40 g proteínas
24 g grasas · 13 g hidratos de carbono

Tiempo de adobo: 3 horas
Tiempo de preparación: 40 minutos

Pele los dientes de ajo y las escalonias y píquelos finamente. • Amase la carne picada con el ajo, las escalonias, la sal, la salvia, la pimienta, el tomate concentrado y los huevos. • Forme con ello bistecs de 1½ cm de grosor y 4 cm de diámetro, envuélvalos independientemente en papel de aluminio y déjelos reposar 3 horas en el frigorífico. • Pase ligeramente ambos lados de los bistecs por el pan rallado. • Caliente la mitad de la grasa. Fría en ella la mitad de los bistecs a fuego vivo 3 minutos por lado y consérvelos calientes entre 2 fuentes precalentadas. Fría la otra mitad, utilizando grasa nueva. • Sirva los bistecs tártaros con pan blanco crujiente y pepinillos, aros de cebolla, tiras de pimientos frescos y salsa Ketchup, si lo desea.

«Cevapcici» con cebollas

A la derecha de la foto

- 300 g de carne picada mixta y
- 300 g de carne de cordero picada
- 3 dientes de ajo
- 1 cucharadita de sal
- ½ de pimienta blanca recién molida
- 3 cebollas blancas grandes
- 4 cucharadas de aceite de oliva

Especialidad yugoslava • Requiere algún tiempo • Elaborada

Por persona aproximadamente 2 200 kJ/
525 kcal · 31 g proteínas
38 g grasas · 5 g hidratos de carbono

Tiempo de adobo: 3 horas
Tiempo de preparación: 40 minutos

Pase las dos carnes picadas 12 veces por el disco más fino de la picadora de carne o por la batidora. • Pele los dientes de ajo, añádalos a la carne una vez prensados y amáselo todo con la sal y la pimienta. • Haga con la carne picada rollitos de unos 6 cm de largo y 3 cm de grosor, envuélvalos individualmente en papel de aluminio y déjelos reposar 3 horas en el frigorífico. • Precaliente el horno a 80°. • Pele las cebollas, píquelas finamente y resérvelas tapadas. • Caliente el aceite y fría en él los rollitos de carne a fuego moderado hasta que estén doraditos; esto le llevará unos 10 minutos. • Sirva los «cevapcici» con la cebolla. • Acompañe con pan blanco y ensalada de tomate.

Deliciosas carnes guisadas

Guisos, tiritas, rollitos, albóndigas
y piezas enteras asadas en cazuela
con salsas fabulosas

Blanqueta de ternera

La cocina francesa utiliza ingredientes muy variados

- 750 g de espaldilla de ternera
- 250 g de escalonias pequeñas
- 1 cebolla
- 1 zanahoria
- 1 tallo de apio
- 5 ramitas de perejil
- 1 ramita de tomillo fresco
- 1 hoja de laurel
- 3 clavos
- 50 g de mantequilla
- ½ cucharadita de sal
- 2 pizcas de pimienta blanca recién molida
- ¼ de l de vino blanco seco
- 250 g de champiñones
- 2 yemas de huevo · 1,2 dl de crema de leche
- El zumo de 1 limón
- 1 pizca de nuez moscada rallada
- 1 cucharadita de maicena

Receta clásica

Por persona aproximadamente 2 900 kJ/
690 kcal · 52 g proteínas
40 g grasas · 19 g de hidratos de carbono

Tiempo de preparación: 30 minutos
Tiempo de cocción: 1¼ horas

Elimine las pieles y la grasa de la carne, lávela y córtela en trozos de 3 cm. • Pele las escalonias, la cebolla y la zanahoria. Lave el apio, ráspelo y córtelo en 4 trozos. • Lave el perejil y el tomillo y añádalo a la zanahoria y al apio. Pinche la cebolla con los clavos y la hoja de laurel. • Rehogue las escalonias y los trozos de carne en la mantequilla, pero sin dejar que se doren. • Añada a la carne la cebolla, las verduras, la sal, la pimienta, el vino y 1,2 dl de agua; deje cocer a fuego lento, suavemente, con el recipiente tapado durante 1 hora. • Retire del recipiente la verdura y la cebolla, añada los champiñones limpios y cortados por la mitad, y prosiga la cocción 15 minutos. • Bata las yemas de huevo con la crema de leche, el zumo de limón, la nuez moscada y la maicena; agregue esta mezcla al estofado y retírelo del fuego. • Sirva con pasta la blanqueta de ternera.

Platos de ternera muy apreciados

Tanto en Italia como en Suiza y España se aprecia mucho la ternera

Ossobuco

Morcillo de ternera guisada
Al fondo de la foto

- 4 trozos de morcillo de ternera de 250 g cada uno
- 2 tallos de apio
- 1 cebolla grande
- 2 zanahorias · 1 tomate carnoso
- 3 cucharadas de harina
- 4 cucharadas de aceite
- 1 cucharadita de sal y pimienta negra recién molida
- 1,2 dl de vino blanco seco
- 1 cucharada de tomate concentrado
- 2 cucharadas de perejil picado
- 1 diente de ajo
- La corteza rallada de 1 limón

Especialidad italiana

Por persona aproximadamente
2 010 kJ/
480 kcal · 58 g proteínas
13 g grasas · 27 g hidratos de carbono

Tiempo de preparación: 30 minutos
Tiempo de cocción: 50 minutos

Lave la carne, séquela y haga unos cortes en el borde de la piel. • Raspe el apio y límpielo. Pele la cebolla y las zanahorias. Píquelo todo finamente. • Escalde el tomate, pélelo y córtelo en dados. • Pase la carne por la harina y fríala en el aceite a fuego vivo por ambos lados, séquela de la sartén y salpiméntela. • Rehogue la verdura picada en el fondo de cocción de la carne, añada ésta y el tomate. Mezcle el vino con el tomate concentrado, añádalos a la carne y deje proseguir la cocción a fuego lento 50 minutos. • Prepare «gremolata» con el perejil, el ajo bien picado y la corteza de limón. Añada esta mezcla a la carne 10 minutos antes de terminar el tiempo de cocción. • Acompañe el plato con arroz, guisantes y queso parmesano rallado.

Tiritas de ternera al estilo de Zurich

En primer plano de la foto

- 600 g de babilla de ternera
- 1 cebolla blanca grande
- 50 g de mantequilla
- ½ cucharadita de sal y pimienta blanca recién molida
- 1 cucharada de harina
- 1,2 dl de caldo de carne caliente y
- 1,2 dl de vino blanco seco
- 2 cucharadas de crema de leche
- 1 cucharada de petit suisse

Coste medio • Rápida

Por persona aproximadamente
1 400 kJ/
330 kcal · 32 g proteínas
17 g grasas · 7 g hidratos de carbono

Tiempo de preparación: 30 minutos

Lave la carne, séquela y córtela en tiras de ½ cm de ancho. • Pele la cebolla y píquela finamente. • Caliente la mantequilla, fría en ella las tiras de carne por tandas removiéndolas y séquelas de la sartén. • Agregue la cebolla al fondo de cocción de la carne hasta que esté transparente, añada otra vez la carne y salpiméntela. Espolvoréela con la harina. Vierta el caldo de carne y el vino y dé un hervor. • Retire la sartén del fuego y mezcle la crema y el petit suisse con las tiritas. • Acompáñelas con tortitas de patatas fritas ralladas y ensalada verde.

Nuestra sugerencia: Puede hacer más picantes las tiritas con una cucharadita de curry y alcaparras pequeñas.

Goulasch de ternera con trigo triturado

La salsa se liga con trigo integral triturado

600 g de pecho de ternera deshuesado o cuello
2 cucharadas de mantequilla ablandada
1 manojo de hierbas para el caldo (puerro, zanahoria y apio)
La corteza de ½ limón y el zumo de 1 limón
2 pizcas de pimienta blanca recién molida
1 pizca de pimienta de Cayena
50 g de trigo finamente triturado
2 dl de crema de leche
1 cucharadita de sal marina
2 cucharadas de perejil picado

Receta integral

Por persona aproximadamente
1 800 kJ/
430 kcal · 30 g proteínas
31 g grasas · 9 g hidratos de carbono

Tiempo de preparación: 20 minutos
Tiempo de cocción: 1 hora

Lave la carne, séquela y córtela en dados de unos 3 cm. • Caliente la mantequilla, fría en ella la carne uniformemente a fuego vivo y retírela del fuego. • Prepare, lave y pique finamente el perejil, el apio y la zanahoria. • Corte la corteza del limón en tiras. • Añada a la carne las verduras, 3,5 dl de agua, el zumo de limón, la corteza de limón, la pimienta y la pimienta de Cayena. Deje cocer el goulasch tapado y a fuego lento durante 1 hora. • Mezcle el trigo triturado con la crema, añádalo al goulasch y prosiga la cocción menos de 5 minutos. • Retire el goulasch del fuego, quite la corteza de limón y espolvoree con el perejil. • Acompañe con puré de patatas y ensalada verde.

Tiritas de ternera con almendras y pasas

Estos ingredientes poco corrientes prometen una sorpresa atractiva

750 g de lomo de ternera
100 g de pasas sultanas
2 cucharadas de mantequilla
1 cucharada de aceite
½ cucharadita de sal y pimienta blanca recién molida
4 escalonias
3,5 dl de vino blanco seco
1,5 dl de crema de leche
1 petit suisse grande
50 g de almendras fileteadas
1 pizca de comino y coriandro molidos
2 cucharadas de zumo de limón
2 ramitas de menta

Coste medio

Por persona aproximadamente
3 100 kJ/
740 kcal · 40 g proteínas
49 g grasas · 25 g hidratos de carbono

Tiempo de preparación: 50 minutos

Lave la carne, séquela y córtela en tiras de ½ cm de ancho. • Lave las pasas con agua caliente y déjelas escurrir. • Caliente la mantequilla y el aceite y fría la carne a fuego muy vivo removiéndola; póngala en una fuente y salpiméntela. • Pele las escalonias, píquelas finamente y fríalas en el fondo de cocción de la carne hasta que estén transparentes, añada el vino blanco y déjelo hervir, sin tapar, hasta que se reduzca a la mitad. • Bata la crema con el petit suisse en la salsa y vuelva a darle un hervor. • Mezcle las pasas y las almendras con la salsa y condiméntela con sal, pimienta, comino, coriandro y zumo de limón. Deje cocer la salsa suavemente 10 min. Añádale las tiras de carne con su jugo, caliéntelas en ella y esparza por encima las hojitas de menta. • Sirva este plato con arroz frito en mantequilla.

Guisos de cordero especiados

Platos fuertes que apenas necesitan guarnición

Cordero guisado con centeno

Al fondo de la foto

- 400 g de pierna de cordero
- 2 cebollas
- 2 dientes de ajo
- 4 cucharadas de aceite de oliva
- 2 pizcas de pimienta negra recién molida
- 1 pizca de pimienta de Cayena
- 50 g de centeno groseramente triturado
- 1 cucharadita de sal marina
- ¼ l de vino tinto seco
- 1 dl de crema de leche
- 3 cucharadas de cebollino picado

Receta integral

Por persona aproximadamente 2 100 kJ/
500 kcal · 22 g proteínas
34 g grasas · 16 g hidratos de carbono

Tiempo de preparación: 45 minutos

Lave la carne, séquela y córtela en dados de unos 3 cm. • Trocee las cebollas y los dientes de ajo; dórelos en aceite caliente, sáquelos con la espumadera y resérvelos. • Incorpore la carne a la grasa caliente, espolvoree por encima un poco de pimienta y fría la carne uniformemente a fuego muy vivo durante 5 minutos. • Reparta la pimienta de Cayena, el centeno y la sal sobre la carne y déjela freír otros 2 minutos removiendo. • Añada la cebolla y el ajo troceado, el vino y ¼ de l de agua y prosiga la cocción con el recipiente destapado hasta que la carne esté tierna. • Aparte el guiso del fuego e incorpórele la crema de leche y el cebollino. • Acompañe con pan crujiente.

Cordero guisado con judías

En primer plano de la foto

- 200 g de judías blancas
- 1 manojo de hierbas para el caldo (puerro, zanahoria y apio)
- 750 g de paletilla de cordero
- 3 cucharadas de aceite de oliva
- 600 g de tomates carnosos
- 400 g de cebollas pequeñas
- 1 cucharadita de sal y pimienta negra recién molida
- 1 ramita de romero fresco
- 1 hoja de laurel
- 1 cubito de caldo de verduras
- ¾ de l de caldo de carne
- 2 cucharadas vinagre balsámico
- 2 cucharadas de perejil picado

Elaborada

Por persona 2 500 kJ/
600 kcal · 39 g proteínas
41 g grasas · 20 g hidratos de carbono

Tiempo de remojo: 12 horas
Tiempo de preparación: 40 min
Tiempo de cocción: 1 hora

Ponga a remojar las judías 12 horas en agua fría. • Lave el puerro, la zanahoria y el apio, prepárelos, córtelos en trozos y déjelos hervir junto con las judías en el agua de remojo 45 minutos, o hasta que casi estén cocidas. • Lave la carne, séquela, córtela en dados de unos 3 cm, fríala en aceite muy caliente por tandas y resérvela. • Pele los tomates y píquelos. • Pele las cebollas y dórelas en el fondo de cocción. • Añada los tomates, el cubito, la carne y las especias; vierta el caldo de carne, y deje cocer a fuego moderado con el recipiente tapado 1 hora. Veinte minutos antes de finalizar la cocción, añada las judías a la carne; agregue el vinagre y el perejil. • Sirva con pan blanco fresco.

Especialidades con cordero

Si en lugar de cordero utiliza carne magra de carnero, obtendrá platos orientales

Tiritas de cordero con calabacines

En primer plano de la foto

600 g de pierna de cordero
1 cucharada de maicena
1 cucharadita de pimienta negra recién molida
½ cucharadita de orégano seco
1 cebolla
3 dientes de ajo
400 g de calabacines
2 cucharadas de mantequilla
1 cucharada de aceite
¼ de l de caldo de carne
1,2 dl de vino tinto seco

Elaborada

Por persona aproximadamente 2 000 kJ/
480 kcal · 29 g proteínas
33 g grasas · 11 g hidratos de carbono

Tiempo de preparación: 1 hora

Lave la carne, séquela, córtela en tiras de ½ cm de largo y frótela con la maicena, la pimienta y el orégano. • Pique la cebolla muy finamente. Corte los dientes de ajo en tiritas. Lave los calabacines y córtelos en rodajas de 1 cm. • Caliente la mantequilla y el aceite y fría la carne por tandas; resérvelo luego. • Dore la cebolla con el ajo en el fondo de cocción de la carne. Añada los calabacines y fríalos brevemente. Vierta el caldo de carne y el vino, deje dar un hervor; agregue la carne con el jugo que haya desprendido y caliéntela. • Sirva este plato con arroz.

Pilaf de cordero

Al fondo de la foto

Ingredientes para 6 personas:
1 kg de paletilla de cordero deshuesada
4 cebollas
2 dientes de ajo
500 g de tomates
5 cucharadas de aceite de oliva
1 cucharada de pimentón dulce
1 cucharadita de sal y pimienta negra recién molida
1 pizca de azúcar
1,2 dl de vino tinto seco
250 g de col blanca
½ l de caldo de carne
350 g de arroz de grano alargado
1 cucharada de zumo de limón
1 pizca de nuez moscada rallada
2 cucharadas de perejil picado

Elaborada

Por persona aproximadamente 2 700 kJ/
640 kcal · 38 g proteínas
59 g grasas · 29 g hidratos de carbono

Tiempo de preparación: 20 minutos
Tiempo de cocción: 50 minutos

Lave la carne, séquela y córtela en dados de 2 cm. • Pele las cebollas y los dientes de ajo y píquelos finamente. • Pele los tomates y trocéelos. • Caliente el aceite, fría la carne, añada las cebollas y el ajo y prosiga la cocción hasta que la carne esté dorada y las cebollas transparentes. • Añada los tomates, las especias y el vino tinto y cueza 20 minutos con el recipiente tapado. • Limpie la col y córtela en tiras. • Añada a la carne el caldo de carne, la col y el arroz y déjelo cocer todo otros 20 minutos a fuego moderado. • Condimente el pilaf con el zumo de limón y la nuez moscada y espolvoréelo con el perejil.

Venado guisado al vino tinto

Esta receta nos la dio un cazador apasionado, experto en los más finos platos de caza

1 kg de venado para guisar
1 limón · 2 cebollas
2 hojas de laurel
6 clavos
1 puerro de 5 cm de largo
1 zanahoria
6 cucharadas de aceite
5 granos de pimienta negra
3 cucharadas de vinagre de vino
½ l de vino tinto de Borgoña
1 cucharadita de sal
½ cucharadita de pimienta negra recién molida
1,2 dl de caldo de carne
2 cucharadas de harina
1 cucharadita de azúcar
1 cucharada de confitura de arándanos

Elaborada

Por persona aproximadamente 2 200 kJ/ 520 kcal · 56 g proteínas 16 g grasas · 17 g hidratos de carbono

Tiempo de preparación: 40 minutos
Tiempo de adobo: 24 horas
Tiempo de cocción: 1½ horas

Lave la carne. • Corte una rodaja gruesa del limón. Pele 1 cebolla y pínchele 1 hoja de laurel y 3 clavos. • Prepare las verduras, trocéelas y sofríalas 5 minutos en 1 cucharada de aceite. • Deje adobar la carne 24 horas tapada con la cebolla pinchada con el clavo y el laurel, la verdura, la rodaja de limón, los granos de pimienta, el vinagre y el vino (reserve 4 cucharadas); remueva con frecuencia. • Seque la carne, fríala 15 minutos en 3 cucharadas de aceite y salpiméntela. • Pase el adobo por el chino y trocee la carne. • Caliente el caldo de carne. Reserve 3,5 dl del líquido del adobo. • Caliente el resto del aceite, dore en él la harina y el azúcar, añada el caldo de carne, el líquido del adobo reservado y la segunda cebolla pinchada también con laurel y clavo; agregue la carne y déjela cocer otros 15 minutos. • Retire la cebolla. • Condimente el guiso con la confitura, el resto del vino tinto y un poco de vinagre. • Sirva este plato con tallarines.

Rabo de buey guisado

Una forma exquisita de preparar el rabo de buey

- 1¼ kg de rabo de buey, en trozos de 5 cm
- 500 g de cebollas
- 2 dientes de ajo
- 100 g de zanahorias
- 100 g de apio nabo preparado
- 4 cucharadas de aceite
- ½ l de vino tinto seco
- ½ cucharadita de comino y tomillo seco
- 2 hojas de laurel
- 2 pizcas de pimienta negra recién molida
- 1 cucharada de cubito de caldo de verduras
- 50 g de centeno groseramente triturado
- 1 dl de crema de leche
- 2 cucharadas de perejil picado

Receta integral • Elaborada

Por persona aproximadamente 3 900 kJ/
930 kcal · 68 g proteínas
52 g grasas · 24 g hidratos de carbono

Tiempo de preparación: 30 minutos
Tiempo de cocción: 2½ horas

Lave la carne y séquela. • Trocee las cebollas y los dientes de ajo. Lave la zanahoria, pélela y píquela finamente junto con el apio nabo. • Caliente el aceite, fría en él la carne a fuego muy vivo, añada las verduras y continúe la cocción hasta que las cebollas estén transparentes. • Añada el vino y las especias y deje cocer con el recipiente tapado unas 2 horas, hasta que la carne esté tierna. • Deshuésela. • Mezcle el centeno triturado con la crema y un poco de agua. • Pase por un chino el fondo de cocción, póngalo a hervir de nuevo, únalo a la mezcla de centeno y déjelo cocer suavemente 5 minutos. • Caliente la carne en la salsa. Vuelva a sazonar el guiso, añada más especias y el perejil. • Sirva este plato con brécoles espolvoreados con pan rallado frito en mantequilla.

Cadera de buey con salsa de manzanas, raiforte y cebollino

Para que el Tafelspitz quede bien, deberá utilizar un trozo de carne grande

Ingredientes para 8 personas:
Para el Tafelspitz:
1 kg de cadera de buey
2 huesos con tuétano
2 cucharaditas de sal
1 cebolla
1 zanahoria mediana
250 g de apio nabo
1 hoja de laurel
3 clavos
1 cucharadita de pimienta negra en grano
Para la salsa de manzana y raiforte:
½ raiforte
2 cucharadas de vinagre de vino
2 manzanas ácidas medianas
1 cucharada de azúcar
2 pizcas de sal
Para la salsa de cebollino:
1 panecillo de la vigilia
5 cucharadas de leche
Las yemas de 2 huevos duros
2 cucharadas de aceite
1 cucharadita de azúcar
2 cucharadas de vinagre de vino
1 pizca de sal y pimienta blanca recién molida
4 cucharadas de cebollino picado

Especialidad austríaca • Elaborada

Por persona aproximadamente 2 100 kJ/ 500 kcal · 40 g proteínas 30 g grasas · 21 g hidratos de carbono

Tiempo de preparación: 2½ horas

Lave la carne y los huesos. • Ponga a hervir unos 3 l de agua con la sal, meta la carne y los huesos y déjelos hervir a borbotones en la olla destapada durante 30 minutos, mientras va quitando la espuma. • Regule después el calor, de forma que el agua apenas se agite. Deje el puchero entreabierto. • Pele la cebolla, la zanahoria y el apio. Pinche en la cebolla la hoja de laurel y los clavos. • Al cabo de 1½ horas de cocción, añada las verduras junto con los granos de pimienta a la olla y deje cocer otra hora. • Para preparar la salsa de manzanas, pele el raiforte, lávelo, ráspelo, mézclelo con el vinagre y déjelo aparte tapado. • Lave las manzanas, pélelas, cuartéelas, quíteles el corazón y póngalas a hervir 10 minutos con el azúcar y 1 cucharada de agua. • Pase las manzanas por un tamiz, mézclelas con el raiforte y sazónelas. • Para la salsa de cebollinos raspe la corteza del panecillo y póngalo a remojar en la leche. • Haga un puré con ello y con las yemas de huevo. Condiméntelo con el aceite, el azúcar, el vinagre, la sal y la pimienta y agregue los cebollinos. • Trinche la carne, póngala en una fuente precalentada y rocíela con un poco del caldo de carne caliente. • Corte en rodajas la verdura cocida con la carne y póngala alrededor. • Sirva el resto del caldo de carne con una guarnición preparada como sopa. (Conserve entretanto la carne tapada con doble papel de aluminio en el horno precalentado a 75°.) • Sirva la carne con la salsa de manzanas y raiforte y la salsa de cebollinos. • Puede añadir también patatas cocidas y después fritas en manteca y espinacas a la crema.

Recetas muy especiales para el solomillo de buey

Platos principales para fiestas, que requieren poco tiempo

Solomillo Stroganoff

A la izquierda de la foto

250 g de champiñones pequeños
600 g de extremos de solomillo de buey · 1 cebolla mediana
3 cucharadas de mantequilla ablandada
1 cucharadita de pimentón dulce
½ cucharadita de sal
1,2 dl de vino tinto seco
1,2 dl de caldo de carne
1 dl de crema de leche
1 petit suisse grande
1 cucharada de mantequilla amasada con harina
1 pepinillo en vinagre mediano
½ cucharadita de mostaza semifuerte
1 manojo de cebollino

Receta clásica

Por persona 2 100 kJ/
500 kcal · 33 g proteínas
32 g grasas · 11 g hidratos de carbono

Tiempo de preparación: 40 min

Pique la cebolla. Prepare los champiñones y córtelos en rodajas. • Quite las pieles a la carne, lávela, séquela y córtela en dados de 2 cm. • Caliente la mantequilla ablandada, fría en ella la carne y la cebolla y condiméntela con el pimentón y la sal. Continúe friendo la carne 2 minutos a fuego moderado, sáquela y consérvela caliente en papel de aluminio. • Añada al fondo de cocción de la carne el vino blanco, los champiñones y deje hervir el líquido, removiendo, hasta que se reduzca a la mitad. Vierta el caldo de carne, dele un hervor y agregue a la salsa la crema, el petit suisse y la mantequilla amasada con harina. • Trocee el pepinillo en vinagre, caliéntelo en la salsa junto con la carne y sazone con la mostaza. • Corte el cebollino en aritos y agréguelos al solomillo. • Sírvalo con tallarines.

Solomillo a la crema de estragón

A la derecha de la foto

600 g de extremos de solomillo de buey
1 escalonia o cebolla pequeña
2 cucharadas de mantequilla ablandada
1,2 dl de vino blanco seco
2 dl de crema de leche
1 manojo de estragón
¼ de cucharadita de raiforte
¼ de cucharadita de sal
1 pizca de pimienta blanca recién molida
1 pizca de azúcar
2 yemas de huevo

Rápida

Por persona aproximadamente 2 500 kJ/
600 kcal · 38 g proteínas
43 g grasas · 6 g hidratos de carbono

Tiempo de preparación: 30 minutos

Lave la carne, séquela y córtela en pequeñas lonchas de ½ cm de grosor. • Pique finamente la escalonia. • Caliente la mantequilla y fría a fuego vivo la carne por tandas, sáquela de la sartén y resérvela. • Dore la escalonia en la grasa sobrante, añada el vino y la crema, lleve a ebullición removiendo hasta que la salsa esté cremosa. • Lave el estragón, escúrralo y píquelo finamente. • Condimente la salsa con el raiforte, la sal, la pimienta y el azúcar. Bata las yemas de huevo con un poco de la salsa caliente. • Retire la salsa del fuego y líguela con las yemas de huevo. • Caliente el solomillo en la salsa, póngalo en una fuente y espolvoréelo con el estragón. • Acompañe este plato con arroz silvestre o integral y guisantes.

Recetas de Goulasch muy tradicionales

En estos guisos no puede faltar el pimiento y las cebollas

Goulasch al estilo de Budapest

Al fondo de la foto

- 800 g de lomo alto de buey
- 500 g de cebollas
- 2 dientes de ajo
- 50 g de tocino entreverado
- 2 cucharadas de manteca ablandada
- 1 pizca de sal
- 3 cucharadas de pimentón dulce
- 1 cucharadita de pimentón rosado húngaro
- ½ cucharadita de comino y mejorana seca
- 2 cucharadas de tomate concentrado
- ¼ de l de caldo de carne caliente
- 250 g de patatas harinosas
- 1 pimiento verde y rojo

Especialidad húngara

Por persona aproximadamente 2 900 kJ/ 690 kcal · 43 g proteínas 47 g grasas · 25 g hidratos de carbono

Tiempo de preparación: 15 minutos
Tiempo de cocción: 1 hora

Lave la carne, séquela y córtela en dados de 2 cm. • Pele las cebollas y los dientes de ajo y píquelo finamente. • Trocee el tocino y fríalo en la manteca. Añada la cebolla y el ajo picado y dórelos. • Agregue la carne a la manteca y fríala a fuego vivo hasta que se ponga gris. • Añádale las especias, el tomate concentrado y 1,2 dl de caldo de carne; deje cocer tapado y a fuego moderado durante 30 minutos. • Pele las patatas, lávelas y córtelas en dados. Lave los pimientos, prepárelos y córtelos en trozos. • Añada las patatas con el resto del caldo de carne al goulasch y deje cocer 15 minutos más. • Añada los pimientos y cueza otros 15 minutos.

Goulasch a la húngara

En primer plano de la foto

Ingredientes para 8 personas:

- 1 kg de aguja de buey
- 350 g de cebollas
- 250 g de zanahorias
- 200 g de nabos blancos y 200 g de apio nabo
- 3 cucharadas de manteca
- 3 cucharadas de pimentón dulce
- 1 cucharadita de pimentón rosa húngaro
- ¾ de l de caldo de carne caliente
- 750 g de patatas harinosas
- 1 cucharadita de comino
- ½ cucharadita de sal

Elaborada

Por persona aproximadamente 1 400 kJ/ 330 kcal · 30 g proteínas 13 g grasas · 25 g hidratos de carbono

Tiempo de preparación: 40 minutos
Tiempo de cocción: 1¼ horas

Lave la carne, séquela y córtela en dados de 2 cm. • Pique las cebollas. Pele las zanahorias, los nabos y el apio nabo y lávelos. Corte las zanahorias en tiritas, los nabos en rodajas finas, el apio nabo en dados. • Caliente la manteca. • Ponga a dorar en ella las cebollas, añada la carne, fríala a fuego vivo, espolvoréela con el pimentón, añádale las verduras preparadas y el caldo de carne y deje cocer suavemente durante 45 minutos. • Pele las patatas, lávelas, córtelas en dados no demasiado pequeños y añádalas a la carne, sazone con el comino y la sal y prosiga la cocción otros 30 minutos.

Carne de buey con verduras

La cocción al vapor es también un método muy delicado de preparar la carne

Ingredientes para 6 personas:
- 1 kg de cadera o lomo de buey
- 1 cucharadita de sal
- ½ cucharadita de pimienta negra recién molida
- 2 cucharadas de vinagre de vino
- 1 hoja de laurel · 1 clavo
- 1 cucharadita de pimienta en grano y granos de coriandro
- 250 g de escalonias
- 300 g de zanahorias
- 1 colinabo · 2 puerros
- 2 tomates
- ½ dl de crema de leche
- 1 petit suisse
- 2 cucharadas de perejil picado
- ½ cucharadita de sal de hierbas

Elaborada

Por persona aproximadamente 2 000 kJ/
480 kcal · 36 g proteínas
28 g grasas · 17 g hidratos de carbono

Tiempo de preparación: 30 minutos
Tiempo de cocción: 1½ horas

Lave la carne y frótela con la sal y la pimienta. • Ponga a hervir en una cacerola ¼ de l de agua con el vinagre. • Cueza la carne con las especias en un cestillo para cocer al vapor y con el recipiente bien cerrado durante 1 hora. • Pele o raspe las verduras, lávelas y córtelas en trozos aproximadamente iguales. Pele los tomates y cuartéelos. • Saque las especias del cestillo, añada a la carne las escalonias, las zanahorias y el colinabo y deje cocer al vapor 20 minutos. • Añada después el puerro y los tomates y prosiga la cocción otros 10 minutos. • Trinche la carne y consérvela al calor. • Ponga a hervir el caldo de cocción hasta que se reduzca a la mitad, mézclelo con la crema, el petit suisse, el perejil y la sal de hierbas y sírvalo con la carne. • Acompáñela con patatas.

Corazón de ternera guisado

El corazón es una de las mejores carnes musculosas y proporciona vitamina B_1

- 750 g de corazón de ternera
- 2 cucharadas de harina
- 1 cebolla grande
- 200 g de puerros
- 2 cucharadas de mantequilla ablandada
- 2 cucharaditas de tomate concentrado
- 2 pizcas de sal, 2 de pimienta blanca recién molida y pimentón picante
- ¼ de l de caldo de carne
- 1,2 dl de crema de leche agria
- 2 yemas de huevo
- 2 cucharadas de cebollino picado

Económica • Elaborada

Por persona aproximadamente 2 300 kJ/
550 kcal · 43 g proteínas
36 g grasas · 13 g hidratos de carbono

Tiempo de preparación: 30 minutos
Tiempo de cocción: 1½ horas

Lave el corazón y quítele todos los restos de sangre. Elimine todos los vasos sanguíneos duros, las venitas y la grasa. Corte el corazón en dados de 4 cm y páselo por la harina. • Pele la cebolla y córtela en dados. Prepare el puerro, límpielo y córtelo en rodajitas. • Caliente la mantequilla, ponga a dorar la cebolla y el puerro hasta que la cebolla esté transparente, añada la carne y déjela cocer a fuego moderado 5 minutos. • Mezcle el tomate concentrado y las especias con el caldo de carne y añada la mitad al corazón. Ponga a cocer la carne tapada a fuego lento 1½ horas. Mientras cuece, vaya añadiéndole poco a poco el resto del caldo de carne, y si fuera necesario un poco de agua. • Bata la crema agria con las yemas de huevo. Retire el guiso del fuego, líguelo con la crema y las yemas de huevo y esparza por encima el cebollino. • Acompañe este plato con puré de patatas y remolacha en conserva.

«Boeuf à la mode»

Conviene preparar este guiso con un trozo de carne grande

Ingredientes para 10 personas:
2 kg de cadera de buey
150 g de tocino
½ cucharadita de pimienta negra groseramente molida
1 hoja de laurel
1 pizca de nuez moscada rallada
1 cucharadita de tomillo seco
½ l de vino tinto seco
1,2 dl de coñac
2 cebollas · 2 zanahorias
250 g de apio nabo
4 cucharadas de aceite
1 cucharadita de harina
1 cucharada de tomate concentrado
1 cucharadita de sal

Receta clásica • Elaborada

Por persona aproximadamente 2 200 kJ/
520 kcal · 45 g proteínas
27 g grasas · 8 g hidratos de carbono

Tiempo de preparación: 30 minutos
Tiempo de adobo: 8 horas
Tiempo de cocción: 2 horas

Lave la carne y séquela. • Corte el tocino en dados y póngalo en una fuente junto con la carne, las especias, el vino y el coñac. • Pele las verduras, lávelas, trocéelas, añádalas a la carne y déjelas adobar tapadas durante 8 horas. • Precaliente el horno a 150°. • Vierta la carne junto con las verduras en un colador y recoja el líquido. • Caliente el aceite en una fuente refractaria, fría en él la carne uniformemente. Sofría la verdura con el tocino 3 minutos en una sartén, añada la harina, dórela y mézclela con el tomate concentrado. Agregue esta mezcla a la carne junto con el líquido del adobo; sazone y deje cocer 2 horas con el recipiente tapado en el horno. • Dé la vuelta a la carne cuatro veces y, si fuera necesario, añádale un poco más de vino tinto. • Trinche el asado y consérvelo caliente. Pase la salsa por un chino y viértala por encima. • Sírvalo con pasta y col rizada.

Rollitos de buey con atractivos rellenos

El relleno es lo que proporciona a estos rollitos de carne su atractivo

Rollitos de buey con relleno de tocino

En primer plano de la foto

- 4 rollitos de buey de 100 g cada uno
- 1 cucharada de mostaza semifuerte
- 1 cebolla
- 1 diente de ajo
- 2 puerros
- 2 zanahorias
- 4 lonchas de tocino (80 g)
- 2 cucharaditas de curry en polvo
- 25 g de manteca
- ½ cucharadita de sal y pimienta negra recién molida
- 1,2 dl de caldo de carne caliente
- 1,2 dl de vino tinto seco
- 2 cucharaditas de harina

Elaborada

Por persona aproximadamente 1 900 kJ/450 kcal · 27 g proteínas 27 g grasas · 18 g hidratos de carbono

Tiempo de preparación: 30 minutos
Tiempo de cocción: 1 hora

Unte los rollos con la mostaza. Pique la cebolla y el ajo y espárzalos sobre los rollos. • Lave la parte blanca del puerro y córtelo en tiras. Pele las zanahorias, lávelas y córtelas en tiras junto con el tocino. • Reparta las tiras de verdura y tocino sobre los rollos y espolvoréelos con el curry. • Enrolle los rollos, átelos con un bramante y fríalos a fuego muy vivo, salpiméntelos, vierta por encima el caldo de carne y el vino y déjelos cocer a fuego muy lento durante 1 hora. • Deslíe la harina en un poco de agua. • Ponga los rollos en una fuente y quíteles el bramante. Ligue la salsa con la harina, déjela cocer 5 minutos y sírvala aparte. • Acompañe los rollitos con puré de patatas.

Rollitos rellenos de setas

Al fondo de la foto

- 40 g de rebozuelos u otras setas secas
- 100 g de tocino entreverado
- 2 cebollas pequeñas
- 1 cucharadita de tomillo seco
- 2 cucharadas de pan rallado
- 8 rollitos de buey de 60 g cada uno
- 1 cucharadita de sal y pimienta negra recién molida
- 2 cucharadas de mantequilla derretida
- ¼ de l de vino tinto seco
- ½ dl de crema de leche
- 1 petit suisse
- 2 cucharadas de perejil picado

Elaborada

Por persona aproximadamente 2 400 kJ/570 kcal · 35 g proteínas 41 g grasas · 4 g hidratos de carbono

Tiempo de preparación: 45 minutos
Tiempo de cocción: 50 minutos

Dé un hervor a las setas y déjelas remojar durante 25 minutos. • Derrita el tocino y ponga a dorar las cebollas picadas en su grasa. • Pique las setas bien escurridas, póngalas a cocer durante 10 minutos con las cebollas y mézclelas con el tomillo y el pan rallado. • Salpimente la carne, cúbralas con la mezcla de setas, haga los rollos y átelos con un bramante. • Caliente la mantequilla, fría en ella los rollos a fuego vivo, vierta el vino tinto y deje cocer con el recipiente tapado 50 minutos a fuego lento. • A los 25 minutos añada al fondo de cocción la crema, el petit suisse y el agua de las setas escurrida. • Sirva los rollitos con su propia salsa adornados con el perejil. • Acompáñelo con patatas.

Rollitos de ternera y de cerdo

Sabrosos rellenos que dan un aroma incomparable

Rollitos de ternera con relleno de champiñones

Al fondo de la foto

- 4 escalopes de ternera de 100 g cada uno · 2 cebollas
- 100 g de tocino entreverado
- 500 g de champiñones
- 8 hojas de salvia · 1 pizca de sal
- 2 cucharadas de aceite
- ½ cucharadita de pimienta blanca recién molida
- ¼ de l de caldo de ave
- 1,2 dl de vino tinto seco
- 2 cucharadas de crema de leche
- 1 cucharada de petit suisse
- 1 cucharadita de maicena
- 1 pizca de pimentón rosado

Coste medio

Por persona 1 800 kJ/430 kcal · 28 g proteínas
29 g grasas · 11 g hidratos de carbono

Tiempo de preparación: 35 minutos
Tiempo de cocción: 45 minutos

Lave los escalopes y séquelos. • Pique el tocino y las cebollas. Prepare las setas y corte en rodajitas 250 g. • Derrita el tocino, dore en él la mitad de las cebollas y rehogue 5 minutos las rodajitas de setas, póngalo todo sobre los rollos, cubra cada uno con 2 hojas de salvia, enróllelos y átelos con un bramante. • Caliente el aceite, dore en él el resto de la cebolla, fría los rollos a fuego vivo. Salpiméntelos, añádales el caldo y el vino y déjelos rehogar tapados 30 minutos. • Corte el resto de los champiñones por la mitad, añádalos a los rollos y prosiga la cocción 10 minutos. • Bata la crema con el petit suisse, la maicena y el pimentón, agregue a la salsa y deje dar un hervor. • Presente los rollos en su propia salsa con tallarines y tomates asados.

Rollitos de cerdo con relleno de queso

En primer plano de la foto

- 4 escalopes de cerdo de 120 g cada uno · 500 g de tomates
- ½ cucharadita de sal y pimienta blanca recién molida
- 1 cucharadita de zumo de limón
- 125 g de queso crema
- 200 g de queso mozzarella
- 50 g de jamón serrano en 4 lonchas finas · 2 dientes de ajo
- 3 cucharadas de aceite de oliva
- ¼ de l de caldo de carne caliente · 1 manojo de albahaca
- 1 cucharada de tomate concentrado
- 1 cucharadita de maicena

Coste medio

Por persona 2 600 kJ/620 kcal · 50 g proteínas
43 g grasas · 7 g hidratos de carbono

Tiempo de preparación: 1 hora

Lave los escalopes y séquelos. • Pique las hojas de albahaca, mézclelas con una pizca de sal y pimienta, el zumo de limón y el queso crema. • Pele los tomates y córtelos en tiras. Corte la mozzarella en dados. Corte los ajos en rodajitas. • Unte los escalopes con el requesón, cubra cada uno con una loncha de jamón. Reparta por encima las tiras de tomate, los dados de queso y las rodajitas de ajo, enrolle los escalopes, átelos con un bramante y fríelos con el resto de la sal y la pimienta. • Caliente el aceite, fría en él los rollos, vierta luego el caldo y prosiga la cocción con el recipiente tapado 45 min. • Mantenga los rollos calientes, quíteles el bramante. • Mezcle el tomate concentrado con la maicena y ligue con ello la salsa, vertiéndola después sobre los rollos.

Solomillo de cerdo con salsa de yogur

De consistencia fina y sabor ligeramente picante

- 2 solomillos de cerdo de 400 g cada uno
- 50 g de queso emmental en un trozo
- 1 cebolla
- ½ cucharadita de sal
- 2 pizcas de pimienta blanca recién molida
- 1 cucharada de harina
- 2 cucharadas de manteca
- 1 yogur cremoso
- 1 cubito de caldo de carne
- 1 cucharada de pimentón dulce
- 1 cucharada de hojas de albahaca picadas

Elaborada

Por persona aproximadamente 2 000 kJ/
480 kcal · 48 g proteínas
27 g grasas · 8 g hidratos de carbono

Tiempo de preparación: 30 minutos
Tiempo de cocción: 40 minutos

Lave los solomillos, séquelos y elimine todas las pieles y la grasa. • Corte el queso el tiras de 4 cm de largo y 1 cm de grosor. • Pele la cebolla y píquela. • Frote la carne con la sal y la pimienta y haga pequeñas incisiones a distancias regulares con un cuchillo afilado. • Introduzca en estas incisiones las tiras de queso y deje que sobresalgan un poco. • Enharine los solomillos. • Caliente la grasa y fría los solomillos en toda su superficie a fuego muy vivo; tardará aproximadamente 10 minutos. Con ello se derretirán las tiras de queso que sobresalen. • A los 5 minutos añada la cebolla y déjela que se dore. • Mezcle el yogur con el cubito desmenuzado y el pimentón, añada esta mezcla a los solomillos y déjelos cocer a fuego lento durante 40 minutos. Vierta de cuando en cuando la salsa de yogur sobre la carne. • Ponga los solomillos en una fuente, écheles la salsa de yogur por encima y espolvoréelos con la albahaca. • Acompáñelo con patatas hervidas y zanahorias glaseadas.

Ternera asada en cazuela

Este asado adquiere su fino aroma con el adobo

- 1 kg de lomo bajo de ternera
- ½ cucharadita de pimienta blanca recién molida
- 4 escalonias
- 2 dientes de ajo
- 2 ramas de romero fresco y tomillo
- ½ hoja de laurel
- ¼ de l de vino blanco seco aromático
- 4 cucharadas de aceite de nueces
- ½ cucharadita de sal
- 1,2 dl de caldo de carne caliente, aproximadamente
- 1 cucharadita de romero picado
- 3 cucharadas de crema de leche
- 2 cucharadas de petit suisse

Coste medio • Elaborada

Por persona aproximadamente 2 100 kJ/
500 kcal · 48 g proteínas
29 g grasas · 7 g hidratos de carbono

Tiempo de preparación: 30 minutos
Tiempo de adobo: 24 horas
Tiempo de cocción: 1¾ horas

Lave la carne, séquela y frótela con la pimienta. • Pele las escalonias y los dientes de ajo y píquelos. • Lave las hierbas, escúrralas y píquelas. Mézclelas con las escalonias, el ajo, la hoja de laurel, el vino blanco (excepto 2 cucharadas) y 1 cucharada de aceite. • Introduzca la carne en una bolsa de asar no demasiado grande, añada el adobo, cierre la bolsa y agite el adobo dentro de la bolsa alrededor de la carne. • Deje adobar la carne en el frigorífico 24 horas. • Durante este tiempo, agite la bolsa repetidamente para que el adobo se impregne en la carne. • Vierta el adobo en una fuente. Seque la carne y frótela por todas partes con la sal. • Pase el adobo por un colador. • Caliente el resto del aceite en una cazuela para asar y fría en ella la carne a fuego muy vivo por todos los lados, hasta que esté bien doradita; necesitará unos 15 minutos. • Saque la carne de la cazuela. Deje hervir el fondo de cocción del asado con la mitad del adobo, para que los residuos del fondo de la cazuela se desprendan, removiendo con una cuchara. Parte del líquido se evaporará. • Lleve a ebullición el resto del adobo, ponga en él la carne y añada poco a poco el caldo de carne hirviendo. • Deje que la carne cueza con el recipiente tapado durante 30 minutos a fuego moderado y luego otra hora más a fuego lento. El líquido de cocción no tiene que hervir, sino agitarse ligeramente. Cada 15 minutos vierta por encima de la carne su fondo de cocción. • Precaliente el horno a 100°. Prepare un trozo grande de papel de aluminio doble. • Envuelva la carne suficientemente cocida con el papel de aluminio y manténgala caliente en el horno. • Pase el líquido de cocción por un tamiz, mézclelo con el vino blanco restante, el romero y el petit suisse. Pruebe la salsa y, si es necesario, salpiméntela de nuevo. • Corte el asado en lonchas, póngalo en una fuente caliente y rocíelo con algo de salsa. Sirva el resto de la salsa por separado junto con el asado. • Acompáñelo con pasta o croquetas de patata y ensalada o brécoles.

Goulasch a la Szegedin

El goulasch con chucrut es una tradición húngara

600 g de costillar de cerdo
4 cebollas
1 diente de ajo
2 cucharadas de manteca
½ l de caldo de carne
1-2 cucharaditas de pimentón rosado húngaro
500 g de chucrut
1 cucharada de harina
2 dl de crema de leche agria
½ cucharadita de sal y pimienta blanca recién molida

Receta clásica • Económica

Por persona aproximadamente 3 500 kJ/
830 kcal · 23 g proteínas
74 g grasas · 19 g hidratos de carbono

Tiempo de preparación: 25 minutos
Tiempo de cocción: 45 minutos

Lave la panceta de cerdo y séquela. Corte la carne en dados de unos 3 cm. • Pele las cebollas y el diente de ajo y píquelos finamente. • Caliente la manteca y fría a fuego vivo los trozos de carne, removiendo. Añada la cebolla y el ajo y póngalos a dorar. • Agregue aproximadamente ½ taza de caldo de carne y deje que el líquido se evapore. • Espolvoree el pimentón sobre la carne, añada la chucrut y el caldo de carne restante, mezcle todo bien y deje cocer el goulasch a fuego lento durante 40 minutos. • Deslíe la harina con la crema agria, ligue el goulasch con ella y deje cocer suavemente otros 5 minutos. • Salpimente el goulasch antes de servirlo. • Acompáñelo con albóndigas de pan y ensalada verde.

Goulasch con pimientos

Una comida muy sabrosa, que se prepara fácilmente

Ingredientes para 6 personas:
1 kg de espaldilla de buey
500 g de cebollas
2 dientes de ajo
500 g de tomates
3 cucharadas de aceite
1½ cucharada de harina
3 cucharaditas de pimentón dulce
1 cucharadita de pimentón picante
¼ de l de caldo de ave caliente
2 pimientos rojos
½ cucharadita de sal

Elaborada

Por persona aproximadamente 2 100 kJ/
500 kcal · 34 g proteínas
32 g grasas · 16 g hidratos de carbono

Tiempo de preparación: 30 minutos
Tiempo de cocción: 1 hora

Lave la carne, séquela y córtela en dados de unos 2 cm. • Pele las cebollas y los dientes de ajo y píquelos muy finamente. • Escalde los tomates, pélelos y córtelos en cuatro trozos. • Caliente el aceite, dore en él la cebolla y el ajo, añada la carne y deje que se ponga opaca a fuego vivo, removiendo. • Mezcle la harina con el pimentón, espolvoree la mezcla sobre la carne, fríala un momento y vierta después el caldo de ave caliente. Mezcle los tomates y deje cocer a fuego lento durante 50 minutos. • Lave los pimientos, séquelos, córtelos por la mitad, elimine tallos, membranas y semillas, córtelos en trocitos y al cabo de 50 minutos de cocción, mézclelos con el goulasch y deje cocer 10 minutos más. • Sazone el goulasch antes de servirlo. • Sírvalo con tallarines.

Cerdo agridulce

La cocina tailandesa nos ofrece muchas recetas de este tipo

500 g de filetes de cerdo
1 cucharada de salsa de soja
4 cebollas tiernas
2 dientes de ajo
1 pimiento verde
3 tomates medianos
2 rodajas de piña fresca
250 g de champiñones
1 cucharada de maicena
4 cucharadas de aceite
½ cucharadita de sal
1 pizca de pimienta de Cayena
1 cucharada de azúcar
2 cucharadas de vinagre y zumo de piña
1 cucharada de aguardiente de arroz o jerez

Especialidad del sudeste asiático

Por persona 1 700 kJ/
400 kcal · 31 g proteínas
20 g grasas · 26 g hidratos de carbono

Tiempo de preparación: 45 min

Lave la carne, séquela, córtela en tiras, rocíela con la salsa de soja y déjela adobar tapada. • Pele las cebollas, límpielas y córtelas en anillos. Pique los dientes de ajo. Lave el pimiento y córtelo en dados. Pele los tomates y córtelos en trozos. • Pele las rodajas de piña, quite el centro leñoso y córtelas. Prepare las setas y córtelas en láminas finas. • Remueva las tiras de carne en la maicena y dórelas en el aceite bien caliente, condiméntelas con la sal y la pimienta de Cayena y consérvelas al calor. • Ponga a freír los anillos de cebolla junto con el ajo y las seta a fuego muy vivo en el resto del aceite 1 minuto, añada las verduras y la piña y deje cocer 2 minutos. • Mezcle el azúcar con el vinagre, el zumo de piña y el aguardiente de arroz, vierta sobre las verduras y deje que den un hervor. • Vierta las verduras sobre la carne.

Cerdo a la china

Las especialidades del Lejano Oriente proporcionan variación a nuestros menús

1 solomillo de cerdo de 400 g
2 tallos de bambú enlatados
2 zanahorias medianas
150 g de col
2 cebollas tiernas
100 g de gérmenes de soja frescos
3 cucharadas de aceite
2 cucharadas de salsa de soja
1 pizca de sal, de Sambal Oelek (pasta de guindillas, de venta en establecimientos especializados) y de pimienta blanca recién molida
½ cucharadita de maicena

Económica • Fácil

Por persona aproximadamente 1 300 kJ/
310 kcal · 24 g proteínas
17 g grasas · 15 g hidratos de carbono

Tiempo de preparación: 40 minutos

Lave el solomillo, séquelo, quítele la grasa y las pieles y córtelo en tiras muy finas. • Corte los tallos de bambú en tiras de 1 cm de ancho. Lave las zanahorias, pélelas y córtelas en tiritas muy finas. Prepare la col, límpiela y córtela en tiras. Lave las cebollas, límpielas y córtelas en anillos. • Lave los gérmenes de soja y déjelos escurrir. • Ponga la mitad del aceite a calentar en una sartén grande, dore en ella las tiras de carne por tandas y déjelas aparte. • Vierta el resto del aceite en la sartén y vaya friendo la verdura por el orden en que la ha preparado. Agregue la carne, condimente con la salsa de soja, el Sambal Oelek, la sal y la pimienta y caliente bien. • Deslíe la maicena con 2 cucharadas de agua y ligue con ello la salsa. • Sirva con arroz hervido.

Nuestra sugerencia: La carne se puede cortar fácilmente y en forma regular, si se deja 30 minutos antes en el congelador.

Albóndigas picantes

El mijo y el trigo contienen valiosas sustancias

Albóndigas de carne con pan

En primer plano de la foto

- ¼ de l de leche · 2 cebollas
- 80 g de pan de trigo integral
- 500 g de pecho de ternera magro · 1 huevo
- 1 manojo pequeño de hierbas para el caldo
- 1 cucharadita de sal marina
- ½ cucharadita de pimienta blanca recién molida
- ½ cucharadita de pimentón dulce · El zumo de ½ limón
- 1 pizca de pimienta de Cayena
- 1 cubito de caldo de verduras
- 50 g de harina de trigo integral
- 1 dl de crema de leche
- 1 cucharada de perejil picado

Receta integral

Por persona 1 900 kJ/ 450 kcal · 34 g proteínas 22 g grasas · 28 g hidratos de carbono

Tiempo de preparación: 40 min
Tiempo de cocción: 25 minutos

Ponga a hervir la leche. Corte el pan y póngalo a remojar en la leche caliente. • Lave la carne y píquela. • Prepare las cebollas, el perejil y el apio y píquelos también. Pase la verdura con la carne dos veces por el disco más fino de la máquina de picar carne. • Exprima el pan y amáselo con el huevo, la sal, un poco de pimienta, el pimentón, la pimienta de Cayena y la carne. • Ponga a hervir ½ l de agua con el cubito. Con las manos mojadas haga 12 albóndigas de la masa y póngalas a hervir 20 min en el caldo. • Deslíe la harina en la crema y el resto de la leche. • Deje escurrir las albóndigas y consérvelas calientes. • Deje cocer suavemente la mezcla de harina en el caldo 5 min removiendo. • Condimente la salsa con el resto de la pimienta y el zumo de limón, viértala sobre las albóndigas y espolvoréelas con el perejil. • Sirva este plato con arroz y guisantes.

Albondiguillas de carne y mijo

Al fondo de la foto

- 50 g de mantequilla · 125 g de mijo · 1 cebolla grande
- 1 cucharadita de sal marina
- 250 g de carne magra de buey picada
- 1 pizca de pimienta negra recién molida
- 1 cucharadita de albahaca picada
- ½ cucharadita de coriandro molido · 1 huevo
- 1 pizca de pimienta de Cayena
- 2 cucharadas de perejil y cebollino finamente picados
- 4 cucharadas de crema de leche

Receta integral

Por persona 1 500 kJ/ 360 kcal · 21 g proteínas 19 g grasas · 28 g hidratos de carbono

Tiempo de preparación: 1 hora

Pele la cebolla, píquela y póngala a dorar en la mantequilla derretida. Añada el mijo, sofríalo 2 min removiendo, agregue 3/8 de l de agua y un poco de sal. Deje cocer 15 min con el recipiente tapado a fuego lento. Retire del fuego y deje reposar el mijo 15 min • Mezcle la mitad del mijo con la sal, la carne, las especias, el huevo y 1 cucharada de las hierbas. • Dé un hervor al resto del mijo con la sal restante y 3/8 de l de agua. • Forme 12 albóndigas y póngalas a cocer 15 min en el caldo de mijo, pasados 8 min deles la vuelta. • Añada a la salsa el resto de las hierbas y la crema de leche. • Sirva con una ensalada de hierba de los canónigos.

Albóndigas en salsa de alcaparras

Los filetes de anchoa y las aceitunas completan el gusto picante

- 2 filetes de anchoa
- 10 aceitunas verdes deshuesadas
- 1 huevo
- 3 cucharadas de pan rallado
- 500 g de carne de buey picada
- 1 cebolla
- 1 cucharadita de sal y pimienta negra recién molida
- ½ cucharadita de corteza de limón rallada
- 1 pizca de nuez moscada rallada
- 1 l de caldo de carne
- 3 cucharadas de mantequilla
- 50 g de harina
- ¼ de l de leche caliente
- 3 cucharadas de alcaparras pequeñas
- 1 cucharada de zumo de limón
- 4 cucharadas de crema de leche
- 1 yema de huevo

Económica • Fácil

Por persona aproximadamente
2 700 kJ/
640 kcal · 46 g proteínas
43 g grasas · 21 g hidratos de carbono

Tiempo de preparación: 45 minutos

Pique finamente los filetes de anchoa y las aceitunas, mézclelos con el huevo, el pan rallado y la carne picada. • Pele la cebolla y rállela sobre la mezcla de carne. Añádale, amasando ½ cucharadita de sal y ½ de pimienta, la corteza de limón y la nuez moscada. • Forme albóndigas del tamaño de las nueces aproximadamente. • Deje hervir el caldo de carne. Cueza las albóndigas en el caldo a fuego lento durante 10 minutos, escúrralas y consérvelas calientes. • Derrita la mantequilla, añada la harina y deje que se dore hasta que adquiera un color amarillo claro. Agregue poco a poco la leche y ½ l de caldo. Deje que la bechamel cueza suavemente durante 5 minutos. Añada a la salsa las alcaparras con su líquido, el zumo de limón, el resto de la sal y la pimienta. • Bata la crema con la yema de huevo y ligue con ello la salsa; incorpore las albóndigas y caliéntelas, pero sin dejar que hiervan. • Sírvalas con patatas cocidas con su piel.

Mollejas e hígado de ternera en salsa picante

Son los despojos más finos y al mismo tiempo más caros

Mollejas de ternera en salsa de crema y setas

En primer plano de la foto

- 600 g de mollejas de ternera
- 2 cucharadas de vinagre
- 1½ cucharaditas de sal
- 250 g de champiñones pequeños
- ½ manojo de perejil
- 2 cucharadas de mantequilla
- ¼ de l de caldo de carne caliente
- 1 cucharadita de romero seco
- 1 cucharada de maicena

Elaborada

Por persona aproximadamente 930 kJ/
220 kcal · 31 g proteínas
9 g grasas · 5 g hidratos de carbono

Tiempo de remojo: 2 horas
Tiempo de preparación: 1 hora

Ponga a remojar las mollejas hasta que se hayan desprendido los restos de sangre. Cambie para ello varias veces el agua. • Lave las mollejas y póngalas a cocer con 2 l de agua, el vinagre y 1 cucharadita de sal 15 min a fuego lento. • Ponga las mollejas bajo el chorro del agua fría, quíteles la piel y elimine las membranas y la sangre, cortando después las mollejas en rodajas. • Prepare los champiñones y córtelos en rodajitas. Lave el perejil, píquelo y resérvelo aparte tapado. • Derrita la mantequilla en una sartén, fría las rodajas de molleja por ambos lados a fuego lento. Añada poco a poco el caldo de carne, los champiñones y el romero removiendo y deje proseguir la cocción con el recipiente tapado 15 min. • Deslíe la maicena en un poco de agua fría, ligue con ella la salsa, dele un hervor, sazónela con el resto de la sal y espolvoréela con el perejil. • Sirva con tallarines y zanahorias ralladas.

Hígado al vinagre

Al fondo de la foto

- 600 g de hígado de ternera
- 2 cucharadas de mantequilla y harina
- ¼ l de caldo de carne caliente
- 1,2 dl de leche
- 1 cucharada de zumo de limón y vinagre de vino
- ½ hoja de laurel
- 2 pizcas de pimienta blanca recién molida
- ½ cucharadita de sal
- 3 cucharadas de crema de leche
- 2 cucharadas de petit suisse

Receta clásica • Rápida

Por persona aproximadamente 1 400 kJ/
330 kcal · 29 g proteínas
19 g grasas · 12 g hidratos de carbono

Tiempo de preparación: 30 minutos

Lave el hígado, séquelo, elimine las venas y las pieles. Corte el hígado en filetes de 1 cm de grosor. • Caliente la mantequilla en una sartén grande, eche en ella la harina y dórela, removiendo. Vierta el caldo de carne a cucharadas sobre la harina tostada, hasta que ésta y la grasa se hayan mezclado bien con el caldo. Agregue el resto del caldo de carne y la leche y deje cocer suavemente, removiendo, durante 8 minutos. • Condimente la salsa con el zumo de limón, el vinagre, la hoja de laurel, la pimienta y la sal. • Deje cocer los filetes de hígado en la salsa, tapados, y a fuego lento de 3 a 4 minutos. El hígado estará hecho cuando se ponga gris. • Añada la crema mezclada con el petit suisse y quite la hoja de laurel. • Sirva con puré de patatas y ensalada verde.

Empanada de carne y riñones («Steak and Kidney-Pie»)

Este plato es muy apropiado como entrada

Ingredientes para 6 personas:
- 150 g de masa de hojaldre congelado
- 500 g de riñones de ternera
- 500 g de solomillo de buey
- 1 cebolla mediana
- ½ manojo de perejil
- 3 cucharadas de harina
- ½ cucharadita de sal
- 2 pizcas de pimienta negra recién molida
- 2 cucharadas de grasa de riñón de buey o manteca
- 6 cucharadas de jerez seco
- ½ cucharadita de salsa Worcester
- 1 yema de huevo
- 1 cucharada de leche

Elaborada •
Especialidad inglesa

Por persona 1 800 kJ/ 430 kcal · 35 g proteínas 24 g grasas · 15 g hidratos de carbono

Tiempo de remojo: 1 hora
Tiempo de preparación: 45 minutos
Tiempo de horneado: 1 hora

Deje descongelar la masa de hojaldre a temperatura ambiente. • Elimine de los riñones todos los vasos y la grasa existente, córtelos en trozos y póngalos a remojar durante 1 hora en agua fría; durante este tiempo cambie varias veces el agua. • Lave después los riñones bajo el chorro del agua fría, séquelos y córtelos en dados pequeños. • Lave también el solomillo de buey, séquelo y córtelo en dados tan pequeños como los riñones. • Pele la cebolla y píquela finamente. Lave el perejil, séquelo bien, elimine los tallos gruesos y pique las hojitas muy finas. • Mezcle la harina con la sal y la pimienta y pase por ella los dados de carne. • Caliente la grasa de riñón en una sartén grande y dore los dados de cebolla. Añada la carne y los riñones, deje dorar uniformemente y reserve del fuego. • Caliente 1/8 de l de agua y mézclelo con el jerez, la salsa Worcester y el perejil. • Incorpore la mezcla de especias a la carne y viértalo todo en un molde refractario. • Precaliente el horno a 220°. • Extienda la masa de hojaldre con un rodillo sobre una superficie ligeramente enharinada, dándole un tamaño algo mayor que el molde y cubra con ella el relleno de carne. La masa deberá sobresalir 2 cm del borde del molde. • Apriete bien el borde de la masa por el exterior del molde. Practique en el centro de la cubierta de hojaldre un agujero redondo pequeño, para que pueda salir el vapor que se forme. • Con el resto de la masa de hojaldre, haga figuras pequeñas. • Bata la yema de huevo con la leche y pincele con ella la masa. Reparta las figuras de hojaldre sobre ella y úntelas también con la yema de huevo. • Hornee la empanada en la placa central del horno durante 30 minutos. Reduzca después la temperatura a 180° y deje hornear otros 30 minutos. • Es aconsejable servir la empanada a ser posible caliente. • Acompáñela con ensalada de endibias.

Nuestra sugerencia: Si no tiene un molde para empanada, puede hornear ésta también en una tartera grande. En este caso deberá descongelar la masa de hojaldre suficiente para cubrir también el fondo y el borde del molde con un poco de masa, con objeto de que la carne no adquiera el gusto del metal.

Pulmón de ternera a la vienesa

Este sabroso plato de pulmón de ternera se llama también goulasch de los cocheros

750 g de pulmón de ternera
2 cebollas y 2 zanahorias
1 trozo de apio nabo
100 g de apio · 2 clavos
6 granos de pimienta blanca
½ cucharadita de sal y tomillo seco · 1 hoja de laurel
3 cucharadas de harina
La corteza rallada de ½ limón
2 cucharadas de alcaparras
1 cucharada de zumo de limón
Sal, pimienta blanca recién molida y azúcar
2 cucharadas de mantequilla
4 cucharadas de crema de leche

Especialidad austríaca

Por persona 1 500 kJ/ 360 kcal · 36 g proteínas 12 g grasas · 24 g hidratos de carbono

Tiempo de preparación: 20 min
Tiempo de cocción: 1 hora
Tiempo de prensado: 12 horas
Tiempo de preparación de la salsa: 25 minutos

Lave el pulmón. • Pele la verdura, lávela y córtela en trozos. • Ponga a hervir 1½ l de agua con las especias y la verdura. • Meta el pulmón en el agua hirviendo. Espume varias veces. Deje cocer después el pulmón a fuego lento con el recipiente tapado durante 1 hora. • Póngalo a escurrir. Cuele el caldo de cocción; reserve ½ l en el frigorífico y deje hervir el resto hasta que se reduzca a un extracto y congélelo. • Ponga el pulmón entre 2 tablas de madera durante 12 horas con un peso encima. • Corte el pulmón en tiras de ½ cm de ancho. • Deslíe la harina en un poco de agua fría y viértala en el ½ l de caldo; deje cocer suavemente removiendo durante 10 minutos. • Condimente la salsa con la corteza de limón, las alcaparras, el zumo de limón, sal, pimienta y azúcar, para obtener una salsa agridulce. • Caliente el pulmón a fuego lento dentro de la salsa. • Añada la mantequilla en copitos y la crema a la salsa, batiéndola con la batidora de varillas. • Acompañe con pastel de verduras.

Recetas famosas con despojos de ternera

Forman parte del repertorio de la cocina clásica

Hígado de ternera a la veneciana

A la izquierda de la foto

600 g de hígado de ternera
4 escalonias pequeñas
½ manojo de perejil
2 cucharadas de manteca
1,2 dl de vino blanco seco
½ cucharadita de sal
2 pizcas de pimienta blanca recién molida
3 cucharadas de copos de mantequilla muy fríos

Receta clásica • Especialidad italiana

Por persona 1 400 kJ/
330 kcal · 28 g proteínas
17 g grasas · 9 g hidratos de carbono

Tiempo de preparación: 40 min

Lave el hígado de ternera con agua fría, séquelo y córtelo en filetes finos; elimine las pieles y membranas. • Pele las escalonias y córtelas en anillos finos. Lave el perejil, retire los tallos gruesos y pique las hojas. • Caliente la manteca y dore en ella los anillos de escalonia. • Mezcle el perejil con las escalonias y añada poco a poco el vino blanco. Dé un hervor al vino, agregue los filetes de hígado y déjelos cocer tapados y a fuego lento 4 min. • Salpimente la salsa. Añada la mantequilla en copos batiendo con la batidora de varillas. • Acompañe con polenta o puré de patatas.

Riñones de ternera en salsa crema al coñac

A la derecha de la foto

600 g de riñones de ternera
1 cucharada de harina
½ cucharadita de sal
1 cebolla mediana
2 cucharadas de manteca
1,2 dl de caldo de carne caliente
½ dl de crema de leche
1 petit suisse
1 yema de huevo
2 cucharadas de queso emmental rallado
1 pizca de pimienta blanca recién molida
2 cucharadas de coñac
1 cucharadita de perejil picado

Fácil

Por persona 2 100 kJ/
500 kcal · 32 g proteínas
36 g grasas · 8 g hidratos de carbono

Tiempo de remojo: 40 minutos
Tiempo de preparación: 30 min

Corte los riñones de ternera por la mitad horizontalmente y elimine las pieles y membranas del interior. • Ponga a remojar los riñones 40 min en agua fría; cambie el agua 3 veces durante este tiempo. • Escurra los riñones de ternera y córtelos en rodajas de 1 cm de grosor. • Mezcle la harina con sal y pase por ella las rodajas de riñón. • Pele la cebolla y píquela. • Caliente la manteca en una sartén, ponga a dorar en ella la cebolla, añada las rodajas de riñón y déjelas cocer a fuego moderado 40 min dándoles vuelta. • Agregue el caldo de carne, déjelo dar un hervor y retírelo del fuego. • Bata la crema, el petit suisse, la yema de huevo y el queso; agregue esta mezcla a la salsa y condimente con sal, pimienta, vierta el coñac y esparza por encima el perejil. • Acompañe con puré de patatas.

Lengua de buey en salsa de vino

Una de las formas más finas de preparar la lengua de buey

Ingredientes para 8 personas:
1 lengua de buey de 2 kg
2 manojos de hierbas para el caldo
1 cebolla grande
1 puerro pequeño
1 cucharadita de sal
2 cucharadas de mantequilla
2 cucharaditas de azúcar
3 cucharadas de harina
1 hoja de laurel
5 bayas de enebro
¼ de l de vino tinto de calidad Rioja, por ejemplo
4 cucharaditas de jalea de grosellas
4 cucharadas de crema de leche y petit suisse
2 pizcas de pimienta negra recién molida
1 pizca de pimentón picante

Receta clásica • Elaborada

Por persona aproximadamente
2 800 kJ/
670 kcal · 43 g proteínas
47 g grasas · 12 g hidratos de carbono

Tiempo de preparación: 40 minutos
Tiempo de cocción: 3½ horas

Lave la lengua bajo el chorro de agua fría, cepillando bien la parte superior. • Prepare, lave y pique finamente las hierbas para el caldo. Pele la cebolla y córtela en 4 trozos. Quite al puerro las partes verdes y la raíz. Corte el puerro a lo largo, lávelo y córtelo en trocitos. • Ponga a hervir las verduras preparadas con sal y 2 l de agua. Introduzca la lengua en el agua hirviendo y déjela hervir 20 minutos a borbotones y destapada. Durante este tiempo vaya quitando la espuma que se forme. • Deje la olla entreabierta, reduzca la temperatura y deje cocer lentamente otras 3 horas, con el agua apenas agitándose. La lengua estará hecha cuando se pueda pinchar fácilmente la punta con un tenedor. • Saque la lengua del caldo de cocción, pásela por el chorro del agua fría, elimine la piel y quite los cartílagos y la parte de la garganta. • Cuele el caldo de cocción y aparte ½ litro. • Ponga la lengua otra vez en la olla y consérvela caliente tapada con el resto del caldo. • Para la salsa, derrita la mantequilla en un cazo, añada el azúcar y deje que se ponga a punto de caramelo, removiendo. Eche la harina, deje que se dore ligeramente y siga removiendo para impedir que se dore demasiado, pues la salsa resultaría amarga. • Mezcle el caldo medido con la harina tostada, añada la hoja de laurel y las bayas de enebro y deje cocer a fuego lento durante 20 minutos. • Añada a la salsa el vino tinto, dejando que se caliente, pero sin llegar a hervir. Bata la jalea de grosella con la crema y el petit suisse y añádala a la salsa. Condimente la salsa con sal, la pimienta y el pimentón. • Seque bien la lengua, córtela en lonchas al sesgo, colóquela en una fuente y vierta un poco de salsa por encima. Sirva el resto de la salsa aparte. • Acompañe con tallarines a la mantequilla y espinacas a la crema o croquetas de patata y coles de bruselas rehogadas con pan rallado y mantequilla.

Asados de buey tradicionales

Estos «asados» son más bien estofados

Asado a la cazuela

En primer plano de la foto

- 800 g de tapa de buey
- 2 zanahorias y 2 cebollas
- 50 g de tocino sin ahumar
- 4 g de pimienta blanca
- 1 cucharada de mantequilla y harina · Sal
- 2 cucharadas de tomate concentrado
- Pimienta blanca recién molida
- ½ cucharadita de mostaza y azúcar
- 6 cucharadas de crema de leche agria · 1 ramita de perejil

Receta clásica • Elaborada

Por persona 2 100 kJ/
500 kcal · 46 g proteínas
26 g grasas · 17 g hidratos de carbono

Tiempo de preparación: 30 min
Tiempo de cocción: 1½ horas

Quite las membranas y piel a la carne, lávela y séquela. • Pele la verdura y píquela. Trocee el tocino. • Ponga a hervir 3,5 dl de agua. • Ponga a derretir el tocino, fría la carne, añada la verdura, los granos de pimienta, el perejil y la sal y fría durante 10 min removiendo. • Añada la mitad del agua hirviendo y deje cocer la carne tapada 1 hora. Agregue de vez en cuando agua caliente y vierta el fondo de cocción sobre el asado. • Precaliente el horno a 80°. • Conserve el asado caliente en el horno. • Desglase el fondo de cocción del asado con agua caliente y páselo por el chino. • Derrita la mantequilla, ponga a dorar en ella la harina, añada el tomate concentrado y el fondo de cocción del asado, agregue agua hasta obtener 3,5 dl de l de líquido y termine la salsa con las especias y la crema agria. • Trinche el asado, eche la salsa por encima y sírvalo con puré de patatas y col lombarda.

Rosbif de cebollas

Al fondo de la foto

- 500 g de cebollas
- 1 cucharadita de azúcar
- 1½ cucharadita de sal
- 2 cucharadas de mantequilla
- 4 bistecs de cadera de buey de 150 g cada uno
- 2 pizcas de pimienta blanca recién molida
- 2 cucharaditas de harina
- 2 cucharadas de aceite
- ¼ de l de caldo de carne
- 6 cucharadas de vino tinto seco

Receta clásica

Por persona aproximadamente 1 700 kJ/
400 kcal · 33 g proteínas
24 g grasas · 13 g hidratos de carbono

Tiempo de preparación: 50 minutos

Corte las cebollas en rodajas y mézclelas con el azúcar y ½ cucharadita de sal. • Derrita la mantequilla en una sartén grande. Ponga a dorar las rodajas de cebolla a fuego lento durante 40 minutos y resérvelas. • Lave los bistecs, séquelos, aplástelos, salpiméntelos y enharínelos. • Precaliente el horno a 100°. • Caliente el aceite en una segunda sartén, fría en ella la carne por ambos lados 1 minuto a fuego vivo, continúe a fuego lento otros 3 minutos por lado y consérvela caliente en el horno. • Desglase el fondo de cocción con el caldo de carne, añádale el vino tinto y salpimente la salsa picante. • Vuelva a calentar las rodajas de cebolla, repártalas sobre la carne y vierta la salsa alrededor. • Acompañe con patatas espolvoreadas con perejil y ensalada de hierba de los canónigos.

Asados festivos...

... de categoría y renombre.
Para los que en las grandes ocasiones disfrutan con placeres especiales para el paladar

Riñonada de ternera asada

Este asado se hace con una parte de la riñonada, un riñón y una capa fina de grasa de riñón

Ingredientes para 6 personas:
1 kg de riñonada de ternera
(lomo bajo con un riñón)
1 diente de ajo
1 cebolla mediana
1 zanahoria grande
2 puerros
Sal
Pimienta blanca recién molida
5 cucharadas de aceite
½ l de caldo de carne
1 manojo de albahaca
1 dl de crema de leche
2 petit suisse

Receta clásica

Por persona aproximadamente 2 200 kJ/ 520 kcal · 32 g proteínas 40 g grasas · 10 g hidratos de carbono

Tiempo de preparación: 30 minutos
Tiempo de cocción: 1½ horas
Tiempo de preparación de la salsa: 15 minutos

Solicite al carnicero que le prepare el rollo relleno con las piezas indicadas y se lo ate. • Precaliente el horno a 220°. • Pele el diente de ajo, córtelo por la mitad y frote con él a fondo una fuente para asar. • Pele la cebolla y córtela en 8 trozos. Raspe la zanahoria, lávela y córtela en tiras no demasiado finas. Prepare el puerro, lávelo y córtelo en trozos no muy pequeños. • Lave con agua fría el rollo de riñonada, séquelo y frótelo en toda su superficie con la sal y la pimienta. • Caliente el aceite en la fuente y fría el rollo a fuego vivo uniformemente durante unos 10 minutos. • Reparta los trozos de cebolla, las tiras de zanahoria y los trozos de puerro alrededor del rollo e introduzca la fuente en el segundo piso interior del horno durante 1½ horas. • Caliente el caldo de carne. En cuanto la verdura empiece a dorarse en la fuente, vierta un poco del caldo de carne caliente sobre ella. Mezcle el fondo de cocción de la carne con el caldo y rocíe con ello la carne frecuentemente. Así quedará muy jugosa. • Durante todo el tiempo de horneado, vierta continuamente un poco de caldo de carne caliente sobre las verduras. Cuando todo el caldo de carne se haya consumido, añada un poco de agua caliente. • Ponga el asado en una fuente precalentada envuelto holgadamente en papel de aluminio dentro del horno apagado, para que el jugo de la carne se reparta regularmente por el interior del asado y no se desprenda excesivamente al trincharlo. • Entretanto, lleve a ebullición el fondo de cocción del asado con un poco de agua caliente sobre el fuego, pase la salsa por un tamiz dispuesto sobre un cazo y consérvela caliente. • Lave la albahaca, escúrrala bien, elimine los tallos gruesos y pique finamente las hojas. • Salpimente la salsa, mézclela con la crema y el petit suisse y esparza sobre ella la albahaca. • Trinche el asado, rocíelo con un poco de salsa y sirva el resto en salsera aparte. • Acompañe con albóndigas de pan y coles de bruselas, o tallarines a la mantequilla y una ensalada de endibias con naranjas y kiwis.

Asados de ternera en bolsa para asar

La carne queda muy protegida dentro del papel de aluminio, conservándose blanda y jugosa

Espaldilla de ternera con salsa de pan

A la izquierda de la foto

- 1 kg de espaldilla de ternera
- ½ cucharadita de pimienta blanca recién molida
- 1 manojo de hierbas para el caldo
- 100 g de pan de trigo integral
- 1 hoja de laurel
- 1 cucharadita de albahaca picada
- 1,2 dl de caldo de verduras
- 1,5 dl de crema de leche
- ½ cucharadita de sal marina
- 1 cucharadita de pimentón dulce
- 1 cucharada de eneldo picado
- El zumo de ½ limón

Receta integral

Por persona aproximadamente 2 200 kJ/ 525 kcal · 50 g proteínas 28 g grasas · 15 g hidratos de carbono

Tiempo de preparación: 30 minutos
Tiempo de cocción: 1½ horas

Lave la carne, séquela, quítele todas las pieles y frótela con la pimienta. • Prepare el manojo de hierbas, límpielo y píquelo finamente. Corte el pan en dados. • Ponga la carne en una bolsa para asar, meta en ella los ingredientes preparados, la hoja de laurel, la albahaca y el caldo de verduras, cierre bien la bolsa y pinche varias veces la parte superior con una aguja. • Ponga la bolsa en la placa fría del horno y déjela asar en el segundo piso del horno durante 1 y ½ horas. A los 45 minutos baje la temperatura a 180°. • Mantenga caliente el asado en la placa con el horno apagado. • Pase el fondo de cocción de la carne por un tamiz y mézclelo con la crema, la sal, el pimentón, el eneldo y el zumo de limón. Caliente la salsa y sírvala con la carne.

Ternera asada con pimientos

A la derecha de la foto

- 800 g de babilla de ternera
- Sal
- Pimienta blanca recién molida
- ½ cucharadita de orégano seco
- 3 cebollas
- 500 g de pimientos rojos
- 1,2 dl de vino blanco seco
- 1,2 dl de crema de leche
- 1 cucharada de salsa Worcester aproximadamente
- 1 cucharadita de pimentón dulce

Coste medio

Por persona aproximadamente 1 700 kJ/ 400 kcal · 45 g proteínas 16 g grasas · 17 g hidratos de carbono

Tiempo de preparación: 40 minutos
Tiempo de cocción: 1 h y 20 min

Precaliente el horno a 220°. • Lave la carne, séquela y frótela con las especias. • Pele las cebollas y píquelas groseramente. Lave los pimientos, séquelos, prepárelos y córtelos en tiras. • Meta la carne con las verduras en la bolsa para asar, añada el vino, cierre bien la bolsa y pínchela varias veces con una aguja en la parte superior. • Ponga la bolsa en la placa fría del horno y deje hornear en el centro del horno durante 1 hora y 20 minutos. • Conserve el asado caliente en una fuente precalentada dentro del horno desconectado. • Reduzca a puré con la ayuda de la batidora las verduras con la crema y el fondo de cocción del asado; deje hervir la salsa hasta que se reduzca un poco y esté homogénea, luego condiméntela con sal, pimienta, la salsa Worcester y el pimentón. • Trinche el asado y sirva la salsa aparte.

Pecho de ternera con rellenos sustanciosos

El pecho de ternera relleno es muy indicado también para los buffets fríos

Pecho de ternera relleno de setas

A la izquierda de la foto

Ingredientes para 6 personas:
1 kg de pecho de ternera deshuesado
Sal · Pimienta negra recién molida · 3 panecillos de la vigilia
1 cebolla · 250 g champiñones
60 g de mantequilla · 1 manojo de perejil · 1 diente de ajo
100 g de grasa de jamón
50 g de queso emmental
1 cucharada de harina y pan rallado · 2 huevos
1,2 dl de vino blanco seco
2 zanahorias · 12 escalonias
2 cucharadas de crema de leche y petit suisse

Elaborada

Por persona 2 900 kJ/
690 kcal · 45 g proteínas
40 g grasas · 31 g hidratos de carbono

Tiempo de preparación: 40 min
Tiempo de cocción: 2 horas

Haga una cavidad en el pecho de ternera y frótela con sal y pimienta. • Ponga a remojar los panecillos. • Trocee la cebolla, corte los champiñones en rodajitas. • Ponga a dorar la cebolla en 10 g de mantequilla y fría los champiñones y el perejil picado 3 min. • Pique el ajo, trocee la grasa y ralle el queso. Mezcle todo con los huevos, la harina, el pan rallado, los panecillos exprimidos, la mezcla de setas y salpimente. • Meta el relleno en la cavidad y cosa la abertura. • Ponga el pecho de ternera en una fuente para asar y rocíelo con el resto de la mantequilla derretida, añada el vino (reservando un poquito) y 1,2 dl de agua; introduzca la fuente en el horno. Caliente el horno a 200°. • Pele las zanahorias y escalonias y, transcurridas 1¼ horas, póngalas alrededor del asado. • Agregue un poco de vino y prosiga la cocción 45 min. • Tamice el fondo de cocción del asado y mézclelo con la crema y el petit suisse.

Pecho de ternera relleno de espelta

A la derecha de la foto

1 kg de pecho de ternera magra
½ cucharadita de pimienta blanca recién molida · 1 huevo
1 cebolla y 1 zanahoria grandes
70 g de mantequilla
50 g de trigo triturado
1 cubito de caldo de verduras
1 cucharadita de pimentón dulce
2 cucharadas de perejil picado
1 cucharadita de sal marina
½ l de vino blanco seco
6 cucharadas de crema de leche
1 cucharada de zumo de limón
1 cucharada de toronjil picado

Receta integral

Por persona 2 800 kJ/
670 kcal · 53 g proteínas
38 g grasas · 20 g hidratos de carbono

Tiempo de preparación: 30 min
Tiempo de cocción: 2 horas

Haga una cavidad en la carne y frótela con pimienta. • Trocee la verdura y dórela en 35 g de mantequilla. • Añada el trigo triturado, 1,2 dl de agua y las especias; dé un hervor y deje reposar 10 min. • Mezcle la mitad del trigo triturado con el perejil, el huevo y la sal, introdúzcala en la bolsa y cósala. • Fría la carne en el resto de la mantequilla, añádale el vino y póngala a asar en el horno a 220° 1¼ horas. • Mezcle el resto del trigo triturado con agua y la grasa de freír y déjelo cocer 35 min. • Una vez tamizado el fondo de cocción del asado, mézclelo con la crema, el zumo de limón y las hierbas.

Morcillo de ternera con salsa crema al vino

La verdura y las hierbas dan una nota picante al morcillo

1 morcillo de ternera de 1½ kg
2 pizcas de pimienta blanca recién molida
100 g de zanahorias, apio y puerros
2 dientes de ajo
4 cucharadas de aceite
¼ de l de vino blanco seco
El zumo de ½ limón
1 cucharadita de sal marina
1 pizca de pimienta de Cayena
¼ de l de nata
70 g de tomate concentrado
25 g de harina de trigo integral
2 cucharadas de albahaca picada
2 cucharadas de perejil picado

Receta integral • Elaborada

Por persona aproximadamente 3 100 kJ/
740 kcal · 83 g proteínas
34 g grasas · 16 g hidratos de carbono

Tiempo de preparación: 40 minutos
Tiempo de cocción: 2 horas

Retire las membranas al morcillo de ternera, lávelo con agua fría, séquelo y frótelo con la pimienta. • Limpie la verdura, lávela y trocéela. Pique los dientes de ajo • Precaliente el horno a 220°. • Fría el morcillo en una fuente con el aceite hasta que esté bien dorado y deje rehogar la verdura un momento con la carne. • Añada 1,2 dl de vino y el zumo de limón, sazone con la sal y la pimienta de Cayena y ponga a asar el morcillo tapado en el centro del horno durante 1¾ horas. Durante este tiempo agregue poco a poco el resto del vino al morcillo. • Bata la crema con el tomate concentrado, la harina, la albahaca y un poquito de agua, mezcle esta preparación con el fondo del asado 15 minutos antes de terminar el mismo, dejándolo destapado. • Conserve el morcillo caliente. • Sazone la salsa, agréguele el perejil y sírvala por separado con el morcillo.

Solomillo Wellington

Solomillo de buey con farsa de champiñones envuelto en un hojaldre crujiente

Ingredientes para 6 personas:
400 g de masa de hojaldre congelada
5 cucharadas de mantequilla
2 cebollas
400 g de champiñones
3 cucharadas de jerez seco
1 cucharadita de sal y pimienta blanca recién molida
1 pizca de pimienta de Cayena
Nuez moscada recién rallada
1 kg de solomillo de buey
3 cucharadas de mantequilla ablandada
Harina para la superficie de trabajo
1 clara de huevo
2 yemas de huevo

Elaborada

Por persona aproximadamente 2 900 kJ/
690 kcal · 43 g proteínas
43 g grasas · 31 g hidratos de carbono

Tiempo de preparación: 1¼ horas
Tiempo de cocción: 50 minutos

Saque el hojaldre congelado de su envoltorio y déjelo descongelar. • Ponga en el congelador 3 cucharadas de mantequilla para que se endurezca. • Pele las cebollas y píquelas finamente. Prepare los champiñones y píquelos también. • Caliente el resto de la mantequilla en una sartén y dore en ella las cebollas. Añada los champiñones, rehóguelos y déjelos cocer hasta que evaporen casi todo el líquido. Añada el jerez a la mezcla de cebollas y champiñones y déjela enfriar. • Corte la mantequilla del congelador en copos. Reduzca a puré las setas, añadiendo los copos de mantequilla. • Condimente bien la farsa obtenida con sal, pimienta, pimienta de Cayena y nuez moscada y déjela enfriar. • Lave el solomillo, séquelo y quítele todas las pieles y la grasa. • Caliente la mantequilla derretida en una sartén y dore en ella el solomillo 15 minutos por todos lados, déjelo enfriar y salpiméntelo. • Precaliente el horno a 220°. • Extienda el hojaldre sobre una superficie de trabajo enharinada, hasta obtener un rectángulo del grosor de un mango de cuchillo. Corte de los bordes unas tiras para adornar. Unte 1 cm del borde de la masa con clara de huevo. • Coloque la mitad de la farsa de champiñones sobre el hojaldre extendido, ponga el solomillo en el centro y cúbralo con el resto de la farsa. Envuelva la carne con la masa de hojaldre presionando los puntos de unión para que se junten. • Lave con agua fría una placa de hornear, pero sin secarla. Coloque el solomillo con la costura longitudinal hacia abajo sobre la placa. Corte las tiras reservadas con el cortapastas. • Bata las yemas de huevo y pincele con ellas la masa, coloque las tiras preparadas en diagonal por encima y úntelas también con yema de huevo. • Ponga a hornear el solomillo en el centro del horno, hasta que la masa esté doradita; tardará unos 40 minutos. • Desconecte después el horno y deje reposar el solomillo 10 minutos con la puerta abierta. • Corte el solomillo Wellington en rodajas de un dedo de grosor y colóquelas en una fuente precalentada. • Sirva el solomillo Wellington con una gran fuente de ensalada mixta.

Rosbif con budín de Yorkshire

El budín de Yorkshire es imprescindible en Inglaterra para acompañar el rosbif

Ingredientes para 6 personas:	
Para el budín de Yorkshire:	
¼ de l de leche	
4 huevos	
250 g de harina	
1 pizca de sal y pimienta blanca recién molida	
1 pizca de nuez moscada rallada	
1 cucharada de grasa de riñón de buey o manteca	
Para el rosbif:	
1,2 kg de rosbif	
½ cucharadita de pimienta negra recién molida	
1 cucharada de salsa Worcester	
2 cucharadas de jerez seco	
½ cucharadita de granos de pimienta verde	
4 cucharadas de aceite	
1 cucharadita de sal	

Especialidad inglesa • Coste medio

Por persona aproximadamente 3 000 kJ/ 710 kcal · 55 g proteínas 39 g grasas · 33 g hidratos de carbono

Tiempo de preparación: 40 minutos
Tiempo de reposo: 1 hora
Tiempo de cocción: 40 minutos

Ponga a hervir la leche y déjela enfriar. • Bata los huevos en un cuenco, añada la harina tamizada, mézclela con los huevos y vaya añadiendo poco a poco la leche. Condimente la masa con la sal, la pimienta y la nuez moscada y déjela reposar tapada durante 1 hora en el frigorífico. • Lave el rosbif y séquelo. Haga unos cortes en forma de abanico con un cuchillo afilado en la capa grasienta, pero teniendo cuidado de no cortar las fibras de la carne, que se hallan debajo de ésta. Con los cortes, la grasa puede salir al asar y gotear sobre el budín. • Mezcle la pimienta con la salsa Worcester, el jerez, los granos de pimienta verde machacados y el aceite. • Unte la carne con esta mezcla, póngala en una fuente y déjela adobar tapada durante 30 minutos. Durante el tiempo de adobo dé varias veces la vuelta al rosbif. • Precaliente el horno a 250°. Unte con aceite la parrilla del horno y enjuague con agua un molde para el budín. • Seque el rosbif y frótelo con la sal. Ponga la carne en la parrilla, dispuesta en el centro del horno y coloque debajo el molde. Deje asar la carne durante 15 minutos. • Vuelva a batir bien la masa del budín. Caliente la grasa de riñón de buey y mézclela en el molde para la grasa, con el jugo que haya caído de la carne. • Vierta la masa en el molde, mézclela con la grasa, vuelva a meterlo en el piso inferior y deje hornear el budín de Yorkshire debajo del rosbif. • A los 10 minutos reduzca la temperatura a 200° y deje cocer otros 15 minutos. • Deje reposar el rosbif en una fuente precalentada 10 minutos en el horno apagado, para que el jugo de la carne pueda repartirse en el interior. • Corte el budín de Yorkshire en trozos y trinche el rosbif. • Acompañe con brécoles salteados con mantequilla y almendras y tomates asados, adornados con hojitas de albahaca.

Nuestra sugerencia: Si al presionarlo con el dedo el rosbif asado está elástico, se debe a que por dentro está todavía sangrante. Si al presionarlo sólo cede ligeramente, estará rosado por dentro. Es aconsejable utilizar un termómetro de asado. Si el termómetro marca 45°, la carne estará todavía roja, a 60° estará ya rosada.

Pecho de buey con salsa de raiforte

Vale la pena asar el pecho de buey en una bolsa para asar

Ingredientes para 6 personas:
1½ kg de pecho de buey deshuesado
½ cucharadita de sal y ½ de pimienta negra recién molida
50 g de lonchas de tocino ahumado entreverado
4 escalonias
2 zanahorias
100 g de apio nabo
1 hoja de laurel
100 g de raiforte fresco
1 pizca de sal y azúcar
1 cucharada de vinagre
2 dl de crema de leche espesa

Elaborada

Por persona aproximadamente 3 200 kJ/ 760 kcal · 50 g proteínas 58 g grasas · 12 g hidratos de carbono

Tiempo de preparación: 30 minutos
Tiempo de cocción: 2 ½ horas

Precaliente el horno a 180°. • Lave la carne, séquela, frótela con la sal y la pimienta y cúbrala con las lonchas de tocino. • Pele las verduras, lávelas y córtelas en trozos grandes. • Ponga la carne, las verduras y la hoja de laurel en una bolsa grande para asar, ciérrela bien y pinche la parte superior varias veces con una aguja. • Meta la bolsa sobre la parrilla fría en el centro del horno y deje asar durante 2½ horas. • Pele el raiforte, lávelo, rállelo muy finamente y condiméntelo con la sal, el azúcar y el vinagre. • Bata la crema hasta que espese y mézclela con el raiforte. • Sirva el pecho de buey con su fondo de cocción, trínchelo y sírvalo acompañado de la salsa de raiforte. • Acompañe con panecillos de sésamo.

Solomillo de buey envuelto en col

Las hojas de col impiden que la carne delicada se seque

Ingredientes para 6 personas:
1 kg de solomillo de buey
2 cucharadas de mantequilla ablandada
¼ de cucharadita de sal y pimienta blanca recién molida
3 salchichas Bratwurst sin escaldar
2 cucharadas de perejil picado
1 cucharadita de tomillo seco
10 hojas grandes de col rizada
1,2 dl de caldo de carne
1 dl de crema de leche
2 petit suisse
1 cucharadita de maicena

Fácil

Por persona aproximadamente 2 400 kJ/ 570 kcal · 40 g proteínas 42 g grasas · 6 g hidratos de carbono

Tiempo de preparación: 40 minutos
Tiempo de cocción: 40 minutos

Dore el solomillo en la mantequilla, salpiméntelo y déjelo reposar tapado. • Precaliente el horno a 220°. • Añada las hierbas a la carne de salchicha Bratwurst. • Escalde las hojas de col durante 5 minutos, corte las nervaduras centrales, dándoles forma de rectángulo y úntelas con la masa de salchicha. • Envuelva el solomillo en las hojas y átelo con un bramante. • Ponga el solomillo en una bolsa para asar, añada el caldo de carne, cierre bien la bolsa y pinche la parte superior varias veces con una aguja. • Hornee el solomillo en el centro del horno durante 30 minutos. Al cabo de 15 minutos baje la temperatura a 180°. • Vierta el fondo de cocción en un cazo y líguelo con la crema mezclada con el petit suisse y la maicena.

Chateaubriand envuelto en hojaldre

Carne delicada con presentación festiva

300 g de masa de hojaldre
150 g de champiñones
600 g de solomillo de buey
½ cucharadita de sal
2 pizcas de pimienta blanca recién molida · 1 huevo
2 cucharadas de mantequilla
100 g de jamón dulce
1 cucharada de crema de leche
100 g de mantequilla Café de París · 1 yema de huevo

Receta clásica • Elaborada

Por persona 3 800 kJ/ 900 kcal · 46 g proteínas 68 g grasas · 27 g hidratos de carbono

Tiempo de preparación: 40 min
Tiempo de cocción: 25 minutos

Prepare el hojaldre. • Coja los champiñones y córtelos en rodajas. • Lave el solomillo, quítele las membranas y la grasa, y golpéelo hasta que tenga 3 cm de altura, frótelo con sal y pimienta y fríalo en la mantequilla a fuego vivo 2 min por lado. • Fría los champiñones en la mantequilla sobrante 2 min, salpiméntelos y sáquelos de la sartén. • Precaliente el horno a 225°. • Extienda la masa de hojaldre hasta formar 2 discos ovales. Ponga uno sobre un molde pasado por agua fría. Coloque encima el jamón y la mitad de los champiñones, ponga sobre ello la carne y cúbrala con el resto. • Bata el huevo con la crema y pincele con ello el borde de la masa. Ponga encima del solomillo el otro disco y junte los bordes. • Recorte en la masa un agujero redondo para que pueda salir el vapor. Pincele el hojaldre con el huevo. • Ponga a asar el solomillo en el horno 12 min y déjelo reposar 10 min en el horno apagado con la puerta abierta. • Mezcle la yema de huevo con la mantequilla Café de París, caliéntela y sírvala como salsa con el solomillo.

Nuestra sugerencia: La mantequilla Café de París se prepara con 75 g de mantequilla con ketchup, mostaza, alcaparras, hierbas picadas, coñac, salsa Worcester, zumo de limón, sal, pimienta y ajo.

Asados de buey especiales

Aunque asados al horno, no se trata de asados en el sentido clásico

Buey asado al vinagre

A la izquierda de la foto

- 1 kg de tapa de buey
- 1 zanahoria · 1 hoja de laurel
- 1 trozo de chirivía
- 200 g de apio nabo
- 4 granos de pimienta de Jamaica y pimienta negra
- 2 ramas de tomillo fresco
- ¼ de l de vino tinto, Rioja por ejemplo
- 1,2 dl de vinagre de vino
- 1 cucharadita de sal
- 2 pizcas de pimienta negra recién molida · 50 g de tocino graso
- 4 cucharadas de manteca
- 2 cucharadas de tomate concentrado

Receta clásica

Por persona 2 600 kJ/
620 kcal · 56 g proteínas
36 g grasas · 10 g hidratos de carbono

Tiempo de preparación: 30 min
Tiempo de adobo: 2 días
Tiempo de cocción: 40 minutos

Quite todas las membranas y la grasa de la carne. • Pele las hortalizas, lávelas, trocéelas y añádalas a la carne junto con las especias y el vino. • Ponga a hervir el vinagre con 1,2 dl de agua, déjelo enfriar y añádalo a la carne. Deje adobar la carne tapada durante 2 días en el frigorífico, dándole la vuelta varias veces. • Precaliente el horno a 220°. • Seque la carne y frótela con la sal y la pimienta. Cuele el líquido del adobo. • Trocee el tocino, derrítalo en una fuente para asar, añada la grasa y fría la carne a fuego vivo. Agregue las hortalizas y las especias del adobo, deje que se doren un poco, añada el tomate concentrado y vierta el adobo sobre la carne. • Póngala a asar tapada 40 minutos en el piso inferior del horno. • Conserve el asado caliente. • Pase el fondo de cocción por un chino, sazónelo y sírvalo con el asado. • Acompañe éste con lombarda y puré de patatas.

Lomo de buey con verduras

A la derecha de la foto

- 800 g de lomo de buey
- 1½ cucharaditas de sal
- 2 pizcas de pimienta blanca recién molida
- 1 pepino · 1 coliflor
- 4 tomates · 2 escalonias
- 2 cucharadas de manteca
- 2 ramas de estragón fresco
- 1 cucharada de pimentón dulce
- 1 dl de crema de leche
- 2 petit suisse
- 2 cucharadas de cebollino picado

Fácil

Por persona 2 900 kJ/
690 kcal · 49 g proteínas
46 g grasas · 18 g hidratos de carbono

Tiempo de preparación: 35 min
Tiempo de cocción: 30 minutos

Frote la carne con una cucharadita de sal y la pimienta. • Corte el pepino en trozos de 3 cm. Divida la coliflor en ramitos, quitando parte de los tallos y lávelos. • Haga unas incisiones en forma de cruz en la parte redondeada de los tomates. Pele las escalonias y córtelas en 8 trozos. • Precaliente el horno a 200°. • Caliente la grasa en una fuente de asar, dore en ella la carne y a los 10 minutos, añada las verduras y el estragón picado, coloque los tomates en la fuente y vierta por encima la crema mezclada con el petit suisse y el resto de la sal y el pimentón. • Ponga a asar el lomo en el piso inferior del horno durante 30 minutos y antes de servirlo esparza sobre él el cebollino picado.

Asados de liebre y conejos silvestres

Debería servir esta caza noble en ocasiones festivas

Conejo silvestre con crema agria

A la izquierda de la foto

- 1 conejo silvestre de 1 kg
- 2 pizcas de pimienta negra recién molida · 50 g de mantequilla
- ½ l de crema de leche agria
- 50 g de pan rallado o harina para rebozar
- 1 cucharada de mostaza
- 1 cucharadita de sal marina, tomillo fresco picado y bayas de enebro machacadas
- ¼ de l de vino rosado seco

Elaborada

Por persona 2 940 kJ/700 kcal · 76 g proteínas 41 g grasas · 18 g hidratos de carbono

Tiempo de adobo: 24 horas
Tiempo de preparación: 20 minutos
Tiempo de cocción: 1 hora

Corte el conejo en ocho trozos, frótelos con la mitad de la pimienta, colóquelos en una fuente y déjelos adobar 24 horas en el frigorífico cubiertos con la crema agria. • Precaliente el horno a 220°. • Escurra los trozos de la crema agria y mezcle los trozos con el pan rallado, la mostaza, la sal, el tomillo, las bayas de enebro y el resto de la pimienta. • Ponga el conejo en una fuente para asar, cúbralo con la crema agria, esparza por encima la mitad de la mantequilla en forma de copitos y vierta el vino. • Ase el conejo en el horno 1 hora. Cada 10 minutos rocíelo con el fondo de cocción. • A los 30 minutos dé la vuelta a los trozos y cúbralos con el resto de la mantequilla. Mantenga el conejo caliente en una fuente en el horno apagado. • Desglose el fondo de cocción con un poco de agua caliente y sirva la salsa aparte.

Lomos de liebre con salsa crema al enebro

A la derecha de la foto

- 2 lomos de liebre silvestre mechados de 500 g cada uno
- 1 cucharadita de sal
- 2 cucharaditas de pimentón dulce · 2 cebollas
- 50 g de mantequilla ablandada
- 1,2 dl de crema de leche agria
- ½ cucharadita de azúcar, 2 de tomate concentrado y 4 de jalea de grosella
- 10 bayas de enebro
- ¼ de l de vino tinto seco

Coste medio • Receta clásica

Por persona 2 300 kJ/550 kcal · 56 g proteínas · 23 g de grasas · 9 g hidratos de carbono

Tiempo de preparación: 20 min
Tiempo de cocción: 25 minutos
Tiempo de preparación de la salsa: 15 minutos

Precaliente el horno a 220°. • Frote los lomos de liebre con la sal y el pimentón. • Pele las cebollas y córtelas en ocho trozos. • Caliente la mantequilla. Dore las cebollas, coloque encima los lomos de liebre y póngalos a asar 25 min. • Envuelva los lomos de liebre en papel de aluminio y déjelos reposar en el horno apagado con la puerta abierta 10 min. • Desglase el fondo de cocción de la fuente con agua caliente, échelo junto con las cebollas y mézclelo con la crema agria, el azúcar, el tomate concentrado, la jalea de grosella, las bayas de enebro y el vino tinto; deje cocer con el cazo tapado 10 min, pase la salsa por un tamiz y viértala sobre los lomos de liebre. • Sírvalos con setas y croquetas de patata.

Solomillo de corzo asado

En Noruega se prepara también con esta receta el solomillo de reno

Ingredientes para 6 personas:
- 1 solomillo de corzo de 1,4 kg
- 1½ cucharaditas de sal
- 2 pizcas de pimienta blanca recién molida
- ½ cucharadita de tomillo seco
- 100 g de lonchas de tocino graso
- 50 g de mantequilla
- 1 cucharada de harina
- 3,5 dl de caldo de carne caliente
- 3 cucharadas de crema de leche y petit suisse
- 1 cucharadita de salsa de soja
- 1 cucharada de jalea de grosella
- 50 g de queso de cabra cremoso

Especialidad noruega •

Elaborada

Por persona aproximadamente 2 300 kJ/
550 kcal · 57 g proteínas
34 g grasas · 2 g hidratos de carbono

Tiempo de preparación: 30 minutos
Tiempo de cocinado: 1½ horas

Precaliente el horno a 160°. • Elimine las membranas del solomillo de corzo, frótelo con 1 cucharadita de sal, la pimienta y el tomillo y cúbralo con las lonchas de tocino. • Envuelva el solomillo en un trozo grande de papel de aluminio doblado extrafuerte, cierre bien el paquete y ase la carne en el centro del horno durante 1 hora. • Abra después el paquete. • Aumente la temperatura a 220° y deje asar la carne otros 30 minutos. • A los 15 minutos quite el tocino y tírelo. • Derrita la mantequilla, espolvoréela con harina, remueva la mezcla, añádale el caldo de carne y deje cocer suavemente 10 minutos. • Agréguele el fondo de cocción de la carne, la crema, el petit suisse, la salsa de soja, la jalea, el resto de la sal y el queso troceado cuando la salsa ya esté hirviendo. • Trinche el solomillo de corzo y sírvalo con la salsa. • Acompáñelo con lombarda y puré de patata.

Conejo con pimientos rojos

Este plato tiene un colorido muy mediterráneo

Ingredientes para 8 personas:
2 conejos de 1¼ kg cada uno
2 cucharaditas de sal
1½ cucharaditas de pimienta negra recién molida
8 cucharadas de aceite de oliva
1 trocito de guindilla seca
700 g de tomates
6 pimientos rojos
6 cebollas grandes
5 dientes de ajo
150 g de aceitunas negras
1½ cucharaditas de pimienta
Para la fuente: aceite

Especialidad española

• Elaborada

Por persona aproximadamente 3 300 kJ/ 790 kcal · 77 g proteínas 42 g grasas · 21 g hidratos de carbono

Tiempo de preparación: 50 minutos

Tiempo de cocción: 45 minutos

Corte los conejos en ocho trozos cada uno. • Lave cada trozo, séquelos y frótelos con sal y pimienta. • Caliente parte del aceite de oliva en una sartén grande, fría bien los trozos de conejo por tandas junto con la guindilla. Los trozos deberán quedar dorados. • Quite la guindilla y deje aparte la carne. • Precaliente el horno a 200°. • Haga un corte en forma de cruz en la parte redondeada de los tomates, escáldelos, quíteles la piel y cuartéelos; al hacerlo elimine los pedúnculos. • Lave los pimientos, séquelos, quíteles los tallos, las membranas y las semillas y córtelos en tiras anchas. • Pele las cebollas y cuartéelas. Pele los dientes de ajo y píquelos finamente. Deshuese las aceitunas y córtelas por la mitad. • Dore los cuartos de cebolla y los trocitos de ajo en el aceite restante. • Añada las tiras de pimiento, las aceitunas y los tomates, rehóguelos también un poco y rocíelo todo con el vino tinto. Salpimente las verduras. • Unte una fuente para asar con un poco de aceite de oliva. • Ponga en ella las verduras, reparta los trozos de conejo por encima y déjelos asar en el centro del horno unos 45 minutos. • Durante este tiempo, rocíelos de vez en cuando con un poco más de vino, para que las verduras no queden secas. • Sirva este plato en la misma fuente o en una fuente de servicio precalentada. • Acompáñelo con pan blanco de barra recién cocido y con el mismo vino tinto que haya utilizado para las verduras.

Nuestra sugerencia: La guindilla es la que da el gusto picante al plato. Si le gusta comer picante, puede poner un trozo más grande y no quitarlo hasta el final de la cocción. En cualquier caso tenga cuidado con la guindilla, para que el sabor picante de ésta no mate el sabor de las verduras. Al que no le gusten especialmente los platos picantes, puede eliminar la guindilla y condimentar el conejo sólo con 1 pizca de pimienta de Cayena.

Sillas de cordero con especias y hierbas

A la carne de cordero le van bien las especias fuertes

Silla de cordero a la alsaciana

A la izquierda de la foto

Ingredientes para 6 personas:
- ½ cucharadita de granos de pimienta de Jamaica
- ½ de granos de pimienta blanca y ½ de simientes de cilantro
- 1 pizca de mejorana y otra de tomillo secos · 1 diente de ajo
- 1 silla de cordero de 1½ kg
- 3 cucharadas mantequilla ablandada · 2 ramitas de romero
- 1,2 dl de caldo de carne caliente
- ½ cucharadita de sal y pimienta negra recién molida
- ¼ de l de vino tinto seco
- ½ limón
- ¼ de l de crema de leche

Especialidad francesa

Por persona 3 300 kJ/ 790 kcal · 46 g proteínas 63 g grasas · 2 g hidratos de carbono

Tiempo de adobo: 4 horas
Tiempo de preparación: 30 min
Tiempo de cocción: 1 hora

Machaque el ajo con las especias y las hierbas en el mortero, unte con ello la silla de cordero y déjelo adobar tapada 4 horas. • Precaliente el horno a 200°. • Caliente la mantequilla en una fuente para asar. Fría en ella la carne a fuego vivo, añada el romero, el caldo, la sal y la pimienta y ponga a asar la carne en el horno, tapada, 1 hora; vierta poco a poco el vino por encima. • Pele el limón y corte la corteza en tiras muy finas; exprima el zumo. • Pase el fondo de cocción por un tamiz, bátalo con la crema de leche, déjelo reducir un poco e incorpórele removiendo la corteza y el zumo del limón y salpiméntelo. • Trinche la silla de cordero y sírvala con la salsa aparte.

Silla de cordero con costra de hierbas

A la derecha de la foto

Ingredientes para 6 personas:
- 1½ kg de silla de cordero
- 1 cucharadita de sal y pimienta blanca
- 60 g de mantequilla
- El zumo de 2 limones
- 2 manojos de perejil
- 1 manojo de menta
- 100 g de pan blanco sin corteza
- 3 cucharadas de aceite
- 2 cucharadas de mostaza
- 1,2 dl de crema de leche
- 1 petit suisse grande
- 40 g de mantequilla amasada con harina · 3 dientes de ajo

Coste medio

Por persona 3 900 kJ/ 930 kcal · 49 g proteínas 74 g grasas · 16 g hidratos de carbono

Tiempo de preparación: 30 min
Tiempo de cocción: 45 minutos

Precaliente el horno a 220°. • Frote la carne con sal y pimienta, póngala en una fuente para asar untada con 30 g de mantequilla y déjela asar 45 min en el horno. • Mezcle el zumo de limón con 1,2 dl de agua y rocíelo poco a poco sobre el asado. • Pique las hierbas y el ajo; mézclelas con el pan blanco desmenuzado, el aceite, la mostaza y el resto de la mantequilla y unte con ello la silla de cordero hacia la mitad del tiempo de horneado. • Conserve el cordero caliente. Tamice el fondo de cocción del asado, añádale agua hasta obtener ½ l de líquido, salpimente y mezcle con la crema y el petit suisse y ligue la salsa con la mantequilla amasada con harina. • Trinche el cordero y sírvalo con la salsa.

Asados de cordero especiales

Durante todo el año encontrará en el mercado la carne de cordero de primera calidad

Pierna de cordero con gratín de verduras

En primer plano de la foto

Ingredientes para 6 personas:
1 pierna de cordero de 1½ kg
1 ramita de tomillo fresco
2 pizcas de pimienta negra recién molida · 5 dientes de ajo
El zumo de 1 limón
4 cucharadas de aceite
750 g de calabacines
750 g de patatas harinosas
1 cucharadita de sal
50 g de queso emmental rallado
½ dl de crema de leche
1 petit suisse · 2 cebollas
1 manojo de albahaca

Elaborada

Por persona 3 800 kJ/ 900 kcal · 54 g proteínas 61 g grasas · 33 g hidratos de carbono

Tiempo de preparación: 40 min
Tiempo de adobo: 12 horas
Tiempo de cocción: 1½ horas

Haga unos cortes en la pierna de cordero, introduzca en ellos 4 dientes de ajo cortados y adobe la pierna tapada con una mezcla de tomillo picado, pimienta, zumo de limón y 2 cucharadas de aceite 12 horas. • Precaliente el horno a 180°. • Lave los calabacines. Pele las cebollas y las patatas y corte todas las verduras en rodajas. • Frote la pierna de cordero con sal y fríala en el resto del aceite 10 min. • Ponga la pierna en una fuente para asar con las verduras y déjela asar en el piso inferior del horno 1½ horas. • Tras 1 hora, esparza el queso sobre las verduras. • Reduzca a puré la crema, el petit suisse, el resto del ajo machacado y la albahaca; salpimente y sirva con la pierna.

Corona de cordero

Al fondo de la foto

Ingredientes para 6 personas:
2 kg de chuletas de centro de cordero · 4 dientes de ajo
2 ramitas de tomillo fresco
½ cucharadita de salvia seca y pimienta negra · 2 escalonias
2 cucharadas de aceite de sésamo o semillas y ½ de sal
2 cucharadas de manteca
1 cebolla · 1 zanahoria
1 trozo de chirivía
100 g de apio
1,2 dl de vino tinto seco y caldo de carne · 100 g de puerros
1 dl de crema de leche
1 petit suisse grande

Elaborada

Por persona 3 500 kJ/ 830 kcal · 27 g proteínas 76 g grasas · 6 g hidratos de carbono

Tiempo de adobo: 16 horas
Tiempo de preparación: 30 min
Tiempo de cocción: 40 minutos

Ate la pieza en forma de corona. • Pique 2 dientes de ajo, las escalonias y el tomillo; mézclelos con la salvia, la pimienta y el aceite; unte con ello la corona de cordero, envuélvala con papel de aluminio y déjela adobar 16 horas. • Precaliente el horno a 220°. • Quite la mezcla de especias de la carne y consérvela. • Sazone la carne y póngala a asar con la manteca caliente 40 min. • Prepare las verduras, trocéelas y repártalas alrededor de la corona tras 20 min, mojándolas con frecuencia con el vino y el caldo. • Deje reposar la corona una vez terminada 15 min. • Ponga a hervir su fondo de cocción con el resto del caldo, páselo junto con las verduras por el chino y agréguele la crema, el petit suisse, el resto del ajo machacado y la mezcla de especias del adobo.

Pecho de cordero relleno

El cereal y las hierbas aromáticas dan a la carne la nota sabrosa

- 2 cebollas
- 2 dientes de ajo
- 1 zanahoria
- 4 cucharadas de aceite de oliva
- 1 cucharada de cebada, trigo verde, avena y centeno triturados
- ½ cucharadita de sal marina y pimienta negra recién molida
- 1 pizca de pimienta de Cayena
- 1 huevo
- 2 cucharadas de mezcla de hierbas frescas picadas
- 1 kg de pecho de cordero deshuesado
- ¼ de l de vino tinto seco
- 1 cubito de caldo de verduras
- 6 cucharadas de crema de leche

Elaborada • Receta integral

Por persona aproximadamente
5 200 kJ/
1 200 kcal · 37 g proteínas
110 g grasas · 18 g hidratos de carbono

Tiempo de preparación: 30 minutos
Tiempo de cocción: 1¾ horas

Pele las cebollas y los dientes de ajo y píquelos finamente. • Raspe la zanahoria y trocéela. • Caliente 2 cucharadas de aceite y dore en él la verdura hasta que las cebollas estén transparentes. • Añada los cereales triturados a las verduras y rehóguelos con ella, agregue 1,2 dl de agua, la sal y una pizca de pimienta y deje cocer 5 minutos a fuego lento; deje reposar la mezcla tapada 10 minutos junto al fuego. • Precaliente el horno a 220°. • Mezcle con el relleno la pimienta de Cayena, el huevo y las hierbas. • Frote la carne con el resto de la pimienta, úntela con el relleno de hierbas, enrolle la carne y átela con un bramante. • Caliente el resto del aceite en una fuente para asar, fría en ella el rollo, añada el vino y el cubito e introduzca en el horno durante 1½ horas. • Mezcle el fondo de cocción del asado con la crema de leche y sirva la salsa con el pecho.

Rollo de cerdo relleno

Un plato sabroso para gourmets

Ingredientes para 8 personas:
1 cebolla
3 cucharadas de manteca
300 g de col rizada
½ cucharadita de sal, pimienta negra recién molida y comino molido
1 cucharada de mostaza
200 g de paté de hígado de grano grueso
1,2 kg de panceta de cerdo, cortada de forma que la carne esté unida en la parte más ancha
2 manojos de hierbas para el caldo
3,5 dl de caldo de carne

Elaborada

Por persona aproximadamente
3 400 kJ/
800 kcal · 45 g proteínas
75 g grasas · 7 g hidratos de carbono

Tiempo de preparación: 1 hora

Tiempo de cocción: 1½ horas

Pique la cebolla finamente y dórela en la mitad de la manteca. • Corte la col rizada en tiras, sofríala durante 15 minutos con la cebolla y condiméntela con sal, pimienta y comino. Mézclela con la mostaza y el paté de hígado. • Precaliente el horno a 250°. • Frote la carne con el resto de la sal, pimienta y comino y extienda por encima la mezcla de verduras; deje libres 2 cm del borde. Enrolle la carne por la parte ancha y átela. • Caliente el resto de la manteca en una fuente para asar, fría en ella el rollo. • Prepare el apio y el perejil, lávelos, píquelos finamente y añádalos al rollo junto con el caldo; introduzca la fuente en el centro del horno durante 20 minutos. • Tape después el rollo, baje la temperatura a 180° y déjelo asar 1 hora más. • Pase el fondo de cocción junto con las verduras por el chino y sirva esta salsa con el asado.

Chuletas adobadas y asadas

El adobo da al asado una gracia especial

800 g de chuletas de cerdo en un trozo, deshuesadas
1 cucharadita de sal y pimienta blanca recién molida
½ cucharadita de nuez moscada rallada y ½ de pimentón dulce
3,5 dl de leche
1 manojo de perejil
1 manojo de cebollinos
1 ramita de romero fresco
4 escalonias
3 dientes de ajo
2 cucharadas de mantequilla
1 cucharada de aceite
1 dl de crema de leche
2 petit suisse grandes
1 cucharadita de zumo de limón
1 pizca de pimienta de Cayena

Elaborada

Por persona aproximadamente
3 300 kJ/
790 kcal · 43 g proteínas
64 g grasas · 11 g hidratos de carbono

Tiempo de preparación: 30 minutos
Tiempo de adobo: 24 horas
Tiempo de cocción: 1 hora

Frote la carne con la sal, la pimienta, la nuez moscada y el pimentón y mójela con la leche. • Pique finamente las hierbas, las escalonias y los dientes de ajo y mézclelos con la leche. • Ponga a adobar la carne 24 horas en el frigorífico. • Precaliente el horno a 180°. • Seque la carne. • Caliente la mantequilla y el aceite en una fuente para asar y fría en él la carne a fuego vivo, añada el adobo y ase la carne durante 1 hora en el centro del horno. • Deje reposar la carne dentro del horno desconectado. • Bata con la batidora el fondo de cocción del asado, la crema y el petit suisse y condimente la salsa con sal, pimienta, zumo de limón y pimienta de Cayena. Trinche la carne y rocíela con la salsa.

Asados de cerdo diferentes

Estos asados se preparan con ingredientes originales

Asado de cerdo a la cerveza

A la izquierda de la foto

Ingredientes para 6 personas:
1 diente de ajo
1 cucharadita de sal y pimienta negra recién molida
½ cucharadita de comino molido
1½ kg de lomo de cerdo con corteza
1 cucharadita de aceite
1 cebolla grande
8 patatas
¼ de l de cerveza

Elaborada • Económica

Por persona aproximadamente 3 500 kJ/
830 kcal · 46 g proteínas
57 g grasas · 25 g hidratos de carbono
Tiempo de preparación: 30 minutos
Tiempo de cocción: 2 horas aproximadamente

Pique el diente de ajo y macháquelo con la sal; mézclelo con la pimienta y el comino y frote con ello la carne. • Precaliente el horno a 200°. Unte la parrilla con el aceite. Corte la cebolla en ocho trozos, póngala en la placa del horno junto con ½ l de agua caliente e introdúzcala en el piso inferior. • Ponga encima la carne sobre la parrilla con la corteza hacia abajo y déjela asar durante 1 hora. • Pele las patatas, lávelas y córtelas en rodajas finas. • Saque la carne del horno. Haga unos cortes en forma de rombos en la corteza. • Baje la temperatura a 180°. • Ponga las patatas en la placa del horno y el asado sobre la parrilla con la corteza hacia arriba y déjelo hornear durante otra hora. • En los últimos 20 minutos rocíe varias veces el asado con la cerveza. • Deje reposar el asado 15 minutos, trínchelo y sírvalo con las patatas, su fondo de cocción y chucrut.

Asado de cerdo con albaricoques

A la derecha de la foto

Ingredientes para 8 personas:
2 kg de lomo de cerdo con corteza
200 g de orejones de albaricoques
1 cucharadita de sal
½ cucharadita de pimienta negra recién molida
¼ de l de crema de leche
1 pizca de azúcar
2 cucharaditas de maicena
2 cucharadas de almendras fileteadas

Elaborada • Económica

Por persona aproximadamente 3 600 kJ/
860 kcal · 45 g proteínas
68 g grasas · 20 g hidratos de carbono
Tiempo de preparación: 30 minutos
Tiempo de cocción: 2 horas

Precaliente el horno a 200°. • Lave el lomo de cerdo y hágale una incisión profunda en el centro de uno de los bordes. Perfore la carne a lo largo con el mango de una cuchara, agrandando el agujero. • Meta los albaricoques lavados en el agujero de la carne. • Haga unos cortes en la corteza en forma de cruz y frótela con la sal y la pimienta. • Ase la carne en una fuente para asar en el horno durante 2 horas. Cada 25 minutos vierta un poco de agua caliente alrededor del asado, rociándolo. • Conserve caliente el asado una vez terminado. • Deslíe el fondo de cocción del asado con agua caliente, mézclelo con la crema y el azúcar y líguelo con la maicena disuelta en agua. Mezcle la salsa con las almendras. • Sirva el asado con la salsa, coles de bruselas y patatas.

Métodos de asado tradicionales para los codillos de cerdo

Especialidades bávaras de fama mundial

Codillos de cerdo asados

A la izquierda de la foto

- 2 codillos de cerdo de 1 kg cada uno
- 2 cucharaditas de sal
- 1 cucharadita de pimienta negra en grano
- 1 cebolla
- 1 hoja de laurel
- 2 clavos

Elaborada

Por persona aproximadamente
2 100 kJ/
500 kcal · 29 g proteínas
41 g grasas · 1 g hidratos de carbono

Tiempo de preparación: 15 minutos
Tiempo de cocción: 2½ horas

Lave los codillos y séquelos. • Ponga a hervir en una olla 2 litros de agua con la sal y los granos de pimienta. • Pele la cebolla y pinche en ella la hoja de laurel y los clavos. • Meta la cebolla junto con los codillos en el agua hirviendo a borbotones y déjelos cocer a fuego moderado durante 1 hora. Quite frecuentemente la espuma que se forme. • Saque los codillos del caldo y haga unas incisiones en la piel, a distancias regulares, con un cuchillo afilado. Ensarte los dos codillos en el espetón del horno a lo largo del hueso y áselos durante 1½ horas bajo el grill del horno o sobre carbón vegetal a la distancia suficiente. • Sírvalos con una gran fuente de ensalada, pan tierno y cerveza. Nuestra sugerencia: Asando la carne en la parrilla de carbón vegetal, ésta resulta más aromática. Pero hace falta tener mucho tino para utilizar la brasa adecuada, que deberá permanecer constante durante todo el tiempo del asado.

Codillos de cerdo con cerveza

A la derecha de la foto

- 2 cebollas · 100 g de apio
- 3 zanahorias · 2 puerros
- 2 codillos traseros de 1 kg cada uno, con incisiones en forma de rombos
- 1 cucharadita de sal y pimienta negra recién molida
- ½ cucharadita de mejorana seca
- 3 cucharadas de manteca
- ½ l de cerveza

Fácil

Por persona aproximadamente
3 100 kJ/
740 kcal · 33 g proteínas
57 g grasas · 10 g hidratos de carbono

Tiempo de preparación: 35 minutos
Tiempo de cocción: 1½ horas

Precaliente el horno a 220°. • Pele las cebollas, el apio y las zanahorias y trocéelos. Limpie el puerro, córtelo a lo largo, lávelo y trocéelo. • Frote los codillos con la sal, la pimienta y la mejorana. • Caliente la manteca en una fuente para asar y fría en ella los codillos 15 min por todos lados. • Añada las verduras, rehóguelas un poco con ellos, vierta la mitad de la cerveza y ponga a asar los codillos 1 hora en el piso inferior del horno: durante el tiempo de asado rocíelos con su fondo de cocción. • Transcurrida 1 hora suba la temperatura a 250°. Moje los codillos con el resto de la cerveza y déjelos asar 25 min. • Conserve los codillos calientes en el horno desconectado. • Desglose el fondo de cocción con un poco de agua caliente y redúzcalo a puré con la batidora junto con las verduras. • Salpimente la salsa y sírvala con los codillos junto con albóndias de pan y ensalada de repollo.

Solomillo a la pimienta envuelto en redaño

El redaño de cerdo impide que se seque el solomillo tierno

150 g de redaño de cerdo
2 solomillos de cerdo de 600 g
½ cucharadita de sal
3 cucharadas de aceite
2 cucharaditas de granos de pimienta verde enlatados
4 cucharadas de mostaza a las hierbas de grano grueso
1 cebolla y 1 zanahoria medianas
2 tallos de apio
1 cucharadita de harina
¼ de l de cerveza
1 cucharadita de comino

Elaborada

Por persona aproximadamente 2 700 kJ/
640 kcal · 34 g proteínas
46 g grasas · 12 g hidratos de carbono

Tiempo de preparación: 20 minutos
Tiempo de cocción: 30 minutos

Lave el redaño de cerdo y séquelo bien entre dos lienzos. • Precaliente el horno a 200°. • Quite las pieles y la grasa a los solomillos, lávelos, séquelos y frótelos con la sal. • Caliente el aceite en una fuente para asar y fría los solomillos 3 minutos y déjelos enfriar. • Aplaste los granos de pimienta, mézclelos con la mostaza y unte con ello la carne; póngala luego sobre el redaño cortado por la mitad. Envuelva los solomillos con el redaño. • Ponga los solomillos en la fuente y déjelos asar en el centro del horno durante 20 minutos; deles una vez la vuelta. • Limpie la verdura y trocéela. • Conserve los solomillos asados calientes en el horno apagado. • Desglase el fondo de cocción del asado con un poco de agua caliente, viértalo en un cazo y rehogue en él la levadura durante 2 minutos. Eche la harina sobre la verdura y déjela rehogar otros 2 minutos removiendo. Añada la cerveza y el comino y cuézalo todo durante 2 minutos. • Corte los solomillos en rodajas y viértales la salsa por encima. • Acompañe con cebollitas asadas y patatas.

Rollos de carne picada preparados con fantasía

Existen muchas recetas para rollo de carne picada; le aconsejamos que pruebe éstas

Rollo de cordero picado

A la izquierda de la foto

- 50 g de trigo verde, trigo sarraceno y mijo triturados
- 2 pizcas de pimienta negra recién molida · ½ l de caldo de verduras
- 1 cebolla · 1 cucharada de aceite de oliva · 600 g col rizada
- 60 g de mantequilla
- 750 g de pierna de cordero picada
- 1 cucharadita de sal marina
- 2 cucharaditas de ajedrea, 2 de levística y tomillo, recién picados
- 20 g de harina de trigo sarraceno
- 2 cucharadas de tomate concentrado
- 1 cucharada de crema de leche y petit suisse · 1 huevo

Receta integral

Por persona 3 600 kJ/ 860 kcal · 47 g proteínas
55 g grasas · 41 g hidratos de carbono

Tiempo de preparación: 45 min
Tiempo de cocción: 30 minutos

Ponga a hervir los cereales junto con la pimienta 10 min en el caldo de verduras, déjelos reposar 15 min. • Pique la cebolla y dórela en el aceite y 1 cucharada de mantequilla. • Dé un hervor 1 min a las hojas de col rizada y corte las nervaduras de éstas. • Trocee el cogollo y mézclelo con la carne picada, el huevo, la sal, las hierbas y la mitad de la cebolla. • Mezcle el resto de la cebolla con los cereales. • Con las hojas de la col forme un rectángulo de 30 × 40 cm y cúbralo con el puré de cereales. • Forme un rollo con la masa de la carne, colóquelo en el centro, envuélvalo en las hojas y átelo con un bramante. • Fría el rollo en el resto de la mantequilla y póngalo a cocer 30 min con 3,5 dl de agua. • Mezcle la harina de trigo sarraceno con el tomate concentrado, la crema, el petit suisse y un poco de agua y ligue con ello la salsa.

Rollo de carne picada gratinado

A la derecha de la foto

- 2 panecillos de la vigilia
- 2 puerros · 2 dientes de ajo
- 4 cucharadas de mantequilla
- 750 g de carne picada mixta
- 3 huevos · 1 cucharada de especias para carne
- Sal · Pimienta negra recién molida · 3 cucharadas de harina
- 1 cucharadita de orégano seco
- 100 g de queso emmental rallado · 3,5 dl de leche
- 1 pizca de nuez moscada rallada

Elaborada

Por persona 4 000 kJ/
950 kcal · 60 g proteínas
65 g grasas · 29 g hidratos de carbono

Tiempo de preparación: 45 min
Tiempo de cocción: 55 minutos

Precaliente el horno a 250°. • Remoje los panecillos. • Corte el puerro en rodajas finas y sofríalos 8 min en 2 cucharadas de mantequilla. Añada los dientes de ajo pasados por el prensaajos. • Mezcle la carne picada con los panecillos exprimidos, los huevos, el puerro y las especias. • Unte una fuente refractaria con mantequilla, ponga en ella la carne y ásela en el horno 30 min. • En un cazo derrita el resto de la mantequilla, agregue la harina, removiendo, deje que se dore y vierta la leche; deje cocer la salsa 15 min. Condiméntela con el queso, la nuez moscada, sal y pimienta, viértala sobre el rollo de carne y póngalo a dorar bajo el grill 25 min.

Platos delicados de la cocina fría

Para el bufet de invitados, para cenas ligeras,
para fiestas estivales, para el pic-nic,
con la ventaja de que todo se conserva en el frigorífico
hasta el comienzo de la comida

Albóndigas con vinagreta de rabanitos

La sorpresa es la vinagreta especial

1 panecillo de la vigilia
3 cebollas tiernas
1 pimiento amarillo pequeño
2 cucharadas de mantequilla
600 g de carne picada variada
1 huevo · 1 yema de huevo
1 cucharadita de sal y pimienta blanca recién molida
½ cucharadita de pimentón dulce
1 cucharadita de salsa Worcester
3 cucharadas de mantequilla ablandada
6 cucharadas de vinagre de vino blanco
8 cucharadas de aceite
2 manojos de rabanitos
1 manojo de cebollino

Fácil

Por persona aproximadamente 3 400 kJ/ 810 kcal · 40 g proteínas 66 g grasas · 15 g hidratos de carbono

Tiempo de preparación: 1 hora

Remoje el panecillo en agua. • Prepare las cebollitas tiernas y córtelas en rodajas finas. Prepare el pimiento y trocéelo finamente. • Fría las cebollas 3 minutos en la mantequilla caliente, cueza después los trozos de pimiento otros 3 minutos. • Amase la carne picada con el panecillo exprimido, la verdura, el huevo, la yema de huevo, ½ cucharadita de sal y pimienta, el pimentón y la salsa Worcester. • Forme con la masa albóndigas del tamaño de nueces, dórelas en la mantequilla caliente dándoles la vuelta y déjelas enfriar. • Mezcle el vinagre con el resto de la sal y pimienta, añádale lentamente el aceite con la batidora de varillas. • Pique finamente los rabanitos y los cebollinos y mézclelos con la salsa. • Sirva las albóndigas con la vinagreta y panecillos de harina integral.

Albóndigas al curry con mango chutney

La salsa picante preparada por usted misma tendrá gran aceptación

Ingredientes para 8 personas:
1 panecillo de la vigilia
100 g de cacahuetes sin salar
1 ramita de orégano fresco, romero y tomillo
1 cebolla · 1 pepino · 2 huevos
2 cucharadas de pan rallado
1 cucharada de tomate concentrado
1 cucharada de curry en polvo
½ cucharadita de sal y pimienta negra recién molida
800 g de carne de buey picada
8 cucharadas de aceite
750 g de mangos maduros
1 cebolla y 1 diente de ajo
50 g de pasas de Corinto
½ cucharadita de granos de pimienta de Jamaica y mostaza en polvo
1 cucharadita de coriandro en grano · 100 g de azúcar
½ cucharadita de sal
1 pizca de jengibre en polvo
1,2 dl de vinagre de vino blanco

Elaborada

Por persona 2 400 kJ/ 570 kcal · 27 g proteínas 34 g grasas · 41 g hidratos de carbono
Tiempo de preparación: 1½ h

Remoje el panecillo en agua. • Pique la cebolla, el pepino, los cacahuetes y las hierbas y amáselos con el pan rallado, los huevos, el tomate concentrado, el panecillo exprimido y las especias con la carne. • Forme albóndigas del tamaño de nueces, dórelas en el aceite, escúrralas y déjelas enfriar. • Pele los mangos, la cebolla y el ajo y trocéelos. • Lave las pasas de Corinto en agua caliente, aplástelas en el mortero junto con las especias, mézclelas con los mangos, la cebolla, el ajo y el vinagre y déjelo cocer todo 20 min a fuego lento para que la salsa se reduzca un poco y déjelo enfriar. • Sirva la salsa con las albóndigas.

Bistec tártaro en nido de berros con huevos de codorniz

Platos sabrosos con presentación atractiva

- 2 manojos de berros
- 400 g de carne de buey magra picada
- 4 pizcas de pimienta negra recién molida
- 1 manojo de rabanitos
- 8 huevos de codorniz cocidos
- 2 cucharadas de semillas de sésamo
- Sal marina

Receta integral • Rápida

Por persona aproximadamente
1 300 kJ/
310 kcal · 36 g proteínas
18 g grasas · 3 g hidratos de carbono

Tiempo de preparación: 20 minutos

Corte los tallos de los berros, lávelos, déjelos escurrir bien en un colador y repártalos picados en cuatro platos de postre. • Forme con la carne picada 4 bistecs del mismo tamaño y póngalos sobre el círculo de berros, aplastándolos un poco. Esparza un poco de pimienta sobre cada bistec tártaro. • Prepare los rabanitos, lávelos, séquelos y córtelos por la mitad. • Pele los huevos de codorniz y córtelos por la mitad a lo largo. Distribuya los rabanitos y las mitades de huevo alrededor del bistec tártaro. • Tueste las semillas de sésamo en una sartén seca removiendo, hasta que empiecen a reventar y desprendan un aroma agradable. • Vierta las semillas de sésamo sobre la carne. • Sirva la sal marina aparte en un molinillo o salero.

Nuestra sugerencia: Como la carne picada se estropea con mucha facilidad, debería comprar y hacer que le piquen la carne el mismo día de su consumo.

Bistec tártaro picante

Una comida «que no engorda», para los que aprecian la calidad

- 1 cebolla blanca grande
- 4 pepinillos en vinagre pequeños
- 50 g de aceitunas rellenas de pimiento
- 1 cucharada de alcaparras pequeñas
- 1 cucharadita de mostaza fuerte
- 1 cucharadita de sal
- ½ cucharadita de pimienta negra recién molida
- ½ cucharadita de pimentón picante
- 2 yemas de huevo
- 400 g de carne de buey picada magra
- 1 manojo de berros
- 2 tomates

Rápida • Coste medio

Por persona aproximadamente
1 500 kJ/
360 kcal · 32 g proteínas
22 g grasas · 9 g hidratos de carbono

Tiempo de preparación: 30 minutos

Pele la cebolla y corte del centro unos pocos anillos muy finos y pique el resto muy fino. • Corte un pepinillo en vinagre en forma de abanico y trocee el resto finamente. • Corte 4 aceitunas por la mitad y pique las restantes muy finamente junto con las alcaparras. • Mezcle todos los ingredientes picados con la mostaza, la sal, la pimienta, el pimentón, las yemas de huevo y la carne picada. • Presente el bistec tártaro en una fuente y adórnelo con el abanico de pepinillo. Ponga alrededor los anillos de cebolla y las mitades de aceituna. • Corte los berros, lávelos y déjelos escurrir. • Lave los tomates, séquelos, córtelos en ocho trozos y póngalos también alrededor del bistec junto con montoncitos de berros. • Acompañe con pan integral o pan tierno de barra y mantequilla bien fría.

Lengua de buey con gérmenes variados

La preparación es larga y exige planearse con mucha antelación

Ingredientes para 6 personas:

- 1 cucharada de semillas de mostaza germinativas, semillas de rábano, semillas de berro y judías de soja
- 800 g de lengua de buey escaldada
- 1 cebolla
- ½ manojo de hierbas para el caldo
- 1 hoja de laurel
- 5 bayas de enebro y pimienta negra en grano
- 8 hojas de gelatina incolora
- ¼ de l de vino tinto seco
- 4 cucharadas de vinagre de vino tinto
- 3 cucharadas de salsa de soja
- 1 cucharada de zumo de manzana
- 1 cucharada de aceite
- ¼ l de crema de leche agria
- 2 cucharadas de aceite de cártamo
- 1 cucharada de mostaza semifuerte y otra de miel de flores líquida
- 2 cucharadas de aritos de cebollino
- 1 pizca de pimienta negra recién molida

Receta integral • Elaborada

Por persona aproximadamente 1 800 kJ/ 430 kcal · 26 g proteínas 30 g grasas · 8 g hidratos de carbono

Tiempo de germinación: 5 días
Tiempo de cocción: 2½ horas
Tiempo de confección: 45 minutos
Tiempo de refrigeración: 3 horas

Ponga, como mínimo 5 días antes de preparar la lengua, las semillas por separado a germinar en un aparato para germinar. • O, si no dispone de él, esparza las diferentes semillas en platos llanos cubiertos con una capa de celulosa. Humedezca la celulosa con agua, aplaste un poco las semillas y rocíelas con agua por la mañana y por la noche, para que se conserven húmedas. • Vierta las judías de soja en un frasco de cristal y déjelas remojar durante 4 horas cubiertas de agua, tape el frasco con un lienzo grueso y escurra el agua a través del mismo. Renueve el agua 2 veces al día y escúrrala en seguida. • Ponga a germinar todas las semillas y granos en un lugar caliente y luminoso. • Transcurridos 5 días, ponga a escurrir los brotes. • Lave bien la lengua y cepille con fuerza la parte superior. • Pele la cebolla y córtela en 4 trozos. Prepare el manojo, límpielo y trocéelo groseramente. • Ponga a hervir 2 l de agua con la verdura preparada, la hoja de laurel, las bayas de enebro y los granos de pimienta. Deje hervir la lengua en este caldo a fuego lento durante 2½ horas. • Pase la lengua por el chorro del agua fría, quítele la piel. Corte la lengua en lonchas de 3 mm y distribúyalas en una fuente en forma de abanico. • Ponga a remojar la gelatina 10 minutos en abundante agua fría. • Filtre ¼ de l del caldo de cocción, caliéntelo con el vino, 2 cucharadas de vinagre, 1 cucharada de salsa de soja y el zumo de manzana, pero sin dejarlo hervir. • Escurra la gelatina, disuélvala en el caldo caliente y déjela enfriar hasta que empiece a solidificarse. Cubra los filetes de lengua con la gelatina y consérvelos de 2 a 3 horas en el frigorífico, hasta que la gelatina se solidifique. • Ponga los brotes de mostaza, rábano y berros sobre la lengua. • Fría los gérmenes de soja en el aceite 3 minutos, mézclelos con 1 cucharada de salsa de soja y póngalos también en la fuente con la lengua. • Bata la crema agria con el aceite de cártamo, el resto del vinagre, el resto de la salsa de soja, la mostaza, la miel, el cebollino y la pimienta y sírvalo como salsa con la lengua.

Jamón y carne asada en aspic

Ideales como platos fuertes en las cálidas noches de verano

Aspic de jamón

Al fondo de la foto

Ingredientes para 6 personas:
12 hojas de gelatina incolora
¾ de l de caldo de carne
1 manojo de hierbas para el caldo · 1 cebolla
1 hoja de laurel · 2 clavos
1 ramita de romero fresco
¼ de l de vino blanco seco
¼ de cucharadita de sal y pimienta blanca recién molida
½ cucharadita de azúcar
2 cucharadas de coñac
1 kg de dulce magro
3 manojos de perejil

Elaborada

Por persona aproximadamente
2 100 kJ/
500 kcal · 35 g proteínas
34 g grasas · 5 g hidratos de carbono

Tiempo de preparación: 1 hora
Tiempo de refrigeración: 4 a 5 horas

Ponga a remojar la gelatina en agua fría. • Deje hervir el caldo de carne. • Deje cocer suavemente en el caldo durante 15 minutos el manojo de hierbas limpio y troceado, la cebolla cuarteada y las especias. • Cuele el caldo, condiméntelo con el vino, las especias y el coñac. • Escurra la gelatina, deslíela en el caldo caliente y resérvelo. • Quite al jamón el borde de grasa y córtelo en dados de 1 cm. • Lave el perejil y píquelo. Mezcle en un molde rectangular los dados de jamón y el perejil con el caldo gelatinoso ligeramente cuajado y déjelo solidificar de 4 a 5 horas en el frigorífico. • Vuelque el aspic en una fuente y córtelo en lonchas. • Sírvalo con pan y ensalada de tomates.

Asado de cerdo en aspic

En primer plano de la foto

2 zanahorias
1 l de caldo de carne
16 hojas de gelatina incolora
600 g de cuello de cerdo asado
2 huevos duros
200 g de encurtidos variados
½ manojo de perejil
2 cucharadas de vinagre de vino blanco
½ cucharadita de sal y pimienta negra recién molida

Elaborada

Por persona aproximadamente
2 800 kJ/
670 kcal · 37 g proteínas
54 g grasas · 10 g hidratos de carbono

Tiempo de preparación: 1 hora
Tiempo de refrigeración: 3 horas

Lave las zanahorias, ráspelas, córtelas en rodajas y hiérvalas en ¼ de l de caldo. • Remoje la gelatina en agua fría 10 min. • Corte el asado en lonchas de 3 mm. • Pele los huevos y córtelos en rodajas. Pique los encurtidos. Lave el perejil y arranque las hojitas de los tallos. Escurra las zanahorias y caliente su caldo de cocción con el caldo de carne restante. • Escurra la gelatina, añádala con el vinagre al caldo caliente y deslíela. • Ponga una capa del caldo gelatinoso en un molde y déjelo solidificar en el frigorífico. • Reparta sobre la capa de gelatina una parte de la verdura y las rodajas de huevo, cubra con un poco más de gelatina y deje que ésta se solidifique otra vez. • Ponga una tras otra las lonchas del asado, el resto de las rodajas de huevo y las verduras, salpimente cada una de las capas, cúbralas con gelatina y déjela solidificar cada vez. • Reserve el aspic en el frigorífico 3 horas.

Pan de carne con cereales integrales

Las especias y los cereales integrales proporcionan un sabor poco corriente

Ingredientes para 6 personas:
150 g de tocino ahumado entreverado
4 cucharadas de aceite
250 g de cebollas
3 dientes de ajo
50 g de trigo integral y centeno finamente triturados
1 cubito de caldo de verduras
1 cucharada de granos de mostaza
1 cucharadita de pimienta negra recién molida, coriandro molido, jengibre en polvo y tomillo seco
1 pizca de nuez moscada rallada
½ cucharadita de sal
500 g de carne de buey picada
Para el molde: mantequilla

Receta integral • Elaborada

Por persona aproximadamente 2 100 kJ/
500 kcal · 22 g proteínas
39 g grasas · 14 g hidratos de carbono

Tiempo de preparación: 1 hora
Tiempo de cocción: 1 hora
Tiempo de refrigeración: 3 horas

Corte el tocino en trozos pequeños, fríalo en 3 cucharadas de aceite y apártelo. • Pele las cebollas y los dientes de ajo, trocéelos, dórelos en el resto del aceite, mézclelos con los cereales triturados y el tocino y prosiga la cocción otros 5 minutos; añada ¼ de l de agua y deje cocer suavemente durante 5 minutos con todas las especias; luego deje reposar la mezcla 15 minutos sin exponerla al calor. • Precaliente el horno a 200°. • Amase la mezcla de cereales triturados con la carne picada, viértala en un molde rectangular de unos 26 cm de largo untado con mantequilla y póngalo a hornear durante 1 hora en el centro del horno. • Deje enfriar el pan de carne 10 minutos dentro del molde, envuélvalo después en papel de aluminio y póngalo a enfriar 3 horas en el frigorífico. • Corte la carne en lonchas y sírvala con crema de leche espesa batida con hierbas y petit suisse.

Especialidades originales con carne picada

Si no desea comprar la carne ya picada, puede picar usted mismo trozos de carne seleccionados

Terrina de carne picada

En primer plano de la foto

Ingredientes para 6 personas:
- 3 dientes de ajo
- 1 cebolla grande
- 2 cucharadas de mantequilla
- 100 g de arroz de grano largo
- 650 g de carne picada variada
- 1 cucharada de tomate concentrado · 4 huevos
- 1 dl de crema de leche
- 2 petit suisse grandes
- 1½ cucharadita de sal y pimienta negra recién molida
- 2 cucharaditas de especias
- 1 cucharadita de pimentón dulce
- 300 g de guisantes extrafinos
- 5 cucharadas de vinagre de vino
- 7 cucharadas de aceite
- 1 manojo de albahaca
- 2 manojos de cebollinos
- 1 manojo de perejil
- Para el molde: mantequilla

Elaborada

Por persona 3 200 kJ/
760 kcal · 36 g proteínas
58 g grasas · 26 g hidratos de carbono

Tiempo de preparación: 40 min
Tiempo de cocción: 50 minutos
Tiempo de refrigeración: 2 horas

Pele y pique el ajo y la cebolla y dórelos en la mantequilla. • Cueza el arroz. • Amase la carne picada con el ajo, la cebolla, el arroz, el tomate concentrado, los huevos, la crema, el petit suisse, 1 cucharadita de sal, otra de pimienta y el resto de las especias. • Precaliente el horno a 180°. • Mezcle los guisantes con la masa de carne; ponga la preparación en un molde untado con mantequilla y deje cocer 50 min en el horno. • Ponga la terrina 2 horas en el frigorífico. • Bata el vinagre con el resto de la sal y pimienta, el aceite y las hierbas picadas y sirva la salsa con la terrina.

Tarta de carne y verduras

Al fondo de la foto

Ingredientes para 8 personas:
- 2 panecillos de la vigilia
- 350 g de pepinos
- 3 cebollas blancas grandes
- 1 diente de ajo
- 250 g de tomates
- 1 kg de carne de buey picada
- 3 cucharadas de harina
- 70 g de tomate concentrado
- 1 cucharadita de sal · 5 huevos
- ½ cucharadita de pimienta de Cayena
- 2 dl de crema de leche agria
- ⅛ de l de crema de leche
- ½ cucharadita de pimienta negra recién molida y orégano seco

Fácil

Por persona aproximadamente 2 600 kJ/
620 kcal · 38 g proteínas
41 g grasas · 22 g hidratos de carbono

Tiempo de preparación: 40 minutos
Tiempo de cocción: 50 minutos

Remoje los panecillos. • Corte los pepinos en rodajas. • Pique 2 cebollas y corte 1 en rodajas finas. Pique el ajo. • Corte los tomates en rodajas. • Amase la carne picada con el panecillo exprimido, las cebollas picadas, el ajo, la harina, 3 huevos, el tomate concentrado, la sal y la pimienta de Cayena. • Precaliente el horno a 200°. • Extienda la masa de carne sobre la placa del horno, reparta por encima las verduras cortadas en rodajas y hornee la tarta 30 minutos en el centro del horno. • Bata el resto de los huevos con la crema agria, la crema, la pimienta y el orégano; vierta la mezcla sobre las verduras y deje que cuaje. • Corte la tarta.

Rosbif fríos con salsas picantes

Cenas ligeras para ocasiones especiales

Rosbif con salsa de raiforte

A la izquierda de la foto

Ingredientes para 6 personas:
1 kg de rosbif
3 cucharadas de aceite
½ cucharadita de pimienta negra recién molida y romero seco
1 cucharadita de mostaza y sal
1 manzana ácida grande
2 dl de crema de leche espesa
1 pizca de azúcar
1 pizca de sal
½ cucharadita de pimienta blanca recién molida
2 cucharadas de raiforte rallado

Coste medio

Por persona aproximadamente 1 900 kJ/
450 kcal · 35 g proteínas
32 g grasas · 6 g hidratos de carbono

Tiempo de preparación: 25 minutos
Tiempo de cocción: 45 minutos
Tiempo de refrigeración: 1 hora

Haga unas incisiones en forma de rejilla en la capa de grasa del rosbif. • Bata el aceite con la pimienta, el romero y la mostaza, frote la carne con esta mezcla y póngala a adobar durante 20 minutos. • Precaliente el horno a 220°. • Esparza la sal sobre la carne y póngala con la capa de grasa hacia arriba sobre la parrilla dispuesta en el centro del horno. Meta debajo la bandeja recogegrasa y deje asar la carne durante 25 minutos. • Baje la temperatura a 150° y ase el rosbif otros 20 minutos. • Pele la manzana, córtela en 4 trozos y rállela. • Bata la crema hasta que espese con el azúcar, la sal y la pimienta; añádale la manzana rallada y el raiforte. • Deje reposar el rosbif en el horno desconectado. • Corte la carne fría en lonchas y sírvala con la salsa de raiforte. • Acompañe con pan blanco.

Rosbif con salsa de mostaza

A la derecha de la foto

Ingredientes para 6 personas:
1 kg de rosbif
1 cucharadita de sal
1 cucharadita de pimienta negra recién molida
4 dientes de ajo
6 cucharadas de aceite de oliva
3 yemas de huevo
3 cucharadas de mostaza fuerte
1 cucharadita de vinagre balsámico
1 pizca de pimienta de Cayena
4 cebollas tiernas

Coste medio

Por persona aproximadamente 2 400 kJ/
570 kcal · 43 g proteínas
41 g grasas · 4 g hidratos de carbono

Tiempo de preparación: 40 minutos
Tiempo de cocción: 30 minutos
Tiempo de refrigeración: 1 hora

Precaliente el horno a 250°. • Lave la carne, séquela y frótela con sal y pimienta. • Pele los dientes de ajo, páselos por el prensaajos, mézclelos con 2 cucharadas de aceite de oliva, unte con ello la carne y ásela sobre papel de aluminio en la placa del horno dispuesta en el centro del mismo durante 30 minutos. A los 15 minutos baje la temperatura a 200°. • Deje reposar la carne 20 minutos en el horno apagado. • Envuelva el rosbif en el papel de aluminio y déjelo enfriar. • Bata el resto del aceite con las yemas de huevo y la mostaza y condimente con sal, pimienta, vinagre y pimienta de Cayena. • Corte las cebollas en rodajas finas y mézclelas con la salsa. • Corte el rosbif frío en lonchas finas y cúbralo con la salsa.

Lomo de liebre con albaricoques

Para ocasiones festivas es la obra maestra del bufet frío

1 lomo de liebre de 800 g
1 cucharadita de sal
2 pizcas de pimienta blanca recién molida
1 cucharadita de tomillo seco
50 g de tocino
200 g de higadillos de ave
1 cebolla mediana
250 g de champiñones
1,2 dl de vino de Madeira
1 cucharadita de especias para carne
75 g de mantequilla
150 g de uvas
250 g de mitades de albaricoque enlatados

Elaborada • Coste medio

Por persona aproximadamente 2 800 kJ/
670 kcal · 58 g proteínas
33 g grasas · 27 g hidratos de carbono

Tiempo de preparación: 30 minutos
Tiempo de cocción: 30 minutos
Tiempo de refrigeración: 1 hora
Tiempo de confección: 30 minutos

Precaliente el horno a 200°. • Lave el lomo de liebre, séquelo y quítele las membranas. • Frote la carne con la mitad de la sal, la pimienta y la mitad del tomillo. • Trocee finamente el tocino. • Lave los higadillos de ave, séquelos y quíteles todas las pieles y membranas. • Derrita el tocino y fría en él la liebre a fuego vivo por todos lados. • Ponga la liebre con la grasa de tocino en una fuente para asar y ásela 30 minutos en el centro del horno. • A los 20 minutos ponga los higadillos de ave alrededor de la liebre, para que se horneen con ella. • Pele la cebolla y píquela finamente. Prepare los champiñones, lávelos, séquelos y píquelos. • A los 30 minutos de cocción, saque la liebre y los higadillos del horno y déjelos enfriar. • Dore las cebollas y los champiñones sobre el fuego en la misma fuente, añada el vino de Madeira y deje que se evapore, removiendo. Condimente con el resto de la sal y pimienta, las especias y el resto del tomillo. • Pique finamente los higadillos y añádalos a la mezcla fría de cebollas y champiñones. Bata la mantequilla hasta que esté cremosa y bátala con la mezcla de hígado por la batidora. • Deshuese las 2 tiras de lomo y córtelas al sesgo en lonchas. Unte cada loncha con un poco de la pasta de hígado y póngalas dando la forma original del lomo sobre las costillas. • Ponga el resto de la crema de hígado en una manga pastelera provista de boquilla estrellada y adorne la liebre con una guirnalda en el centro. • Lave las uvas, escúrralas, córtelas por la mitad y quíteles las pepitas. • Deje escurrir las mitades de albaricoque, colóquelos alrededor del lomo con el hueco hacia arriba; rellene cada hueco con estrellas de crema de hígado y coloque encima las uvas. • Sirva el lomo con salsa Cumberland y ensalada Waldorf.

Nuestra sugerencia: En lugar de higadillos de ave puede utilizar para la crema hígado de ternera. La salsa Cumberland puede adquirirse preparada en charcuterías especializadas. La ensalada Waldorf se prepara con tiras de apio, rodajas de manzana y nueces ligadas con mayonesa.

Lomo de cerdo con mayonesa al limón

Esta combinación sorprende por su armonía

600 g de lomo de cerdo
3 cucharadas de mantequilla ablandada
1 cucharadita de sal y pimienta blanca recién molida
3 yemas de huevo
¼ de l de aceite de soja
El zumo y la ralladura de 1 limón
1 manojo de toronjil

Fácil

Por persona aproximadamente 3 600 kJ/ 620 kcal · 40 g proteínas 77 g grasas · 1 g hidratos de carbono

Tiempo de preparación 30 minutos
Tiempo de cocción: 30 minutos

Lave el lomo con agua fría, séquelo, quítele todas las partes grasas y las membranas y fríalo uniformemente a fuego vivo en la mantequilla caliente. • Deje cocer el lomo tapado y a fuego lento 30 minutos, salpiméntelo y déjelo enfriar envuelto en papel de aluminio. • Para la mayonesa al limón, bata las yemas de huevo con sal y pimienta en un cuenco. Añada el aceite en un chorrito muy fino y bata vigorosamente con la batidora de varillas hasta que todos los ingredientes se hayan mezclado bien y la mayonesa esté espesa. • Condimente la salsa con el zumo y la ralladura del limón. • Lave el toronjil, separe las hojitas de los tallos, córtelas en tiras finas y mézclelas con la mayonesa justo antes de servirla. • Corte el lomo de cerdo en lonchas de ½ cm de ancho, preséntelas en un plato en forma de abanico y sírvalas con la mayonesa. • Acompañe con pan moreno fresco.

Lomo de cerdo envuelto en jamón

Una original receta para el bufet frío

Ingredientes para 6 personas:
800 g de lomo de cerdo
½ cucharadita de sal, pimienta negra recién molida y pimentón dulce
1 cucharadita de mostaza fuerte
250 g de jamón ahumado en lonchas finas
3 cucharadas de manteca
¼ de l de caldo de carne

Elaborada

Por persona aproximadamente 1 800 kJ/ 430 kcal · 32 g proteínas 33 g grasas · 0 g hidratos de carbono

Tiempo de preparación: 30 minutos
Tiempo de cocción: 45 minutos

Lave el lomo de cerdo, séquelo, elimine membranas y partes grasas y frótelo con la sal, la pimienta, el pimentón y la mostaza. • Precaliente el horno a 180°. • Ponga la mitad de las lonchas de jamón ligeramente solapadas, sobre la superficie de trabajo. Coloque encima la carne y cúbrala con el resto de las lonchas. Ate el jamón con un bramante. • Caliente la manteca en una fuente para asar, fría en ella la carne uniformemente, añádale el caldo de carne y déjela 45 minutos en el centro del horno. • Corte el asado una vez frío en lonchas.

Nuestra sugerencia: Sazone ligeramente la carne, ya que el jamón ahumado también le proporciona sal.

Platos de buey cocido con salsas de verduras

Estas salsas saben mejor preparadas con verduras de la temporada

Espalda de buey con salsa de verduras

A la izquierda de la foto

Ingredientes para 6 personas:
2 cebollas · 2 zanahorias
4 dientes de ajo · 3 puerros finos
1 kg de espalda de buey
1 cucharadita de tomillo, romero y orégano secos, sal y pimienta negra recién molida · el zumo de 1 limón · 3 tallos de apio
1 cucharada de vinagre balsámico
1 hoja de laurel
1 manojo de albahaca

Elaborada

Por persona 1 300 kJ/
310 kcal · 37 g proteínas
11 g grasas · 16 g hidratos de carbono

Tiempo de preparación: 45 min
Tiempo de cocción: 2 a 3 horas

Pele las cebollas, las zanahorias y el ajo. Prepare los puerros y el apio, lávelos y trocee toda la verdura. • Lave la carne y póngala a hervir cubierta con un poco de agua con las verduras y las especias. • Quite la espuma que se forme y deje cocer la carne, tapada y a fuego lento durante 2 horas largas. • Pase la verdura con un poco del caldo por el pasapurés; utilice el resto del caldo para otro plato. • Condimente la salsa de verduras con el zumo de limón, el vinagre, sal y pimienta. • Lave la albahaca, corte las hojitas y espárzalas sobre la salsa. • Corte la carne en lonchas y cúbrala con la salsa.

Pecho de buey con salsa de pepinos

A la derecha de la foto

Ingredientes para 6 personas:
1 kg de pecho de buey
1 hoja de laurel · 1 cucharadita de sal
1 cucharadita de pimienta negra en grano · 1 cebolla
2 puerros · 1 zanahoria
100 g de apio nabo
250 g de requesón
¼ de l de suero de mantequilla
3 cebollas tiernas · 2 cucharadas de aceite · 1 pepino
2 cucharadas de vinagre de vino blanco
1 pizca de pimienta negra recién molida

Elaborada

Por persona 2 400 kJ/
570 kcal · 41 g proteínas
37 g grasas · 17 g hidratos de carbono

Tiempo de preparación: 40 min
Tiempo de cocción: 2½ horas

Ponga la carne con la hoja de laurel, la mitad de la sal y los granos de pimienta en una cazuela. • Pele la cebolla, los puerros, la zanahoria y el apio nabo, lávelos, trocéelos, añádalos a la carne y déjela cocer tapada con un poco de agua. Elimine la espuma que se forme. • Deje proseguir la cocción de la carne, tapada y a fuego lento 2½ horas. • Deje enfriar la carne. Utilice el caldo para otro plato. • Pele el pepino, córtelo por la mitad a lo largo, quítele las pepitas, trocéelo; luego páselo por la batidora junto con el requesón y el suero de mantequilla. • Prepare las cebollas tiernas, lávelas, córtelas en rodajas finas y mézclelas junto con el aceite y el vinagre con la salsa de pepino. Condimente la salsa con el resto de la sal y la pimienta. • Corte la carne en lonchas y sírvala aparte con la salsa de pepino.

Carnes mixtas con salsa verde

Esta salsa llena de aroma va bien con las carnes seleccionadas

Ingredientes para 8 personas:

Para el plato de carne:

- 2 puerros
- 250 g de apio nabo
- 2 zanahorias
- 1 cebolla grande
- 1 kg de cadera de buey
- 700 g de lengua de ternera
- 1 hoja de laurel
- ½ cucharadita de pimienta negra en grano
- 1 cucharada de sal
- 800 g de pechuga de pollo con piel y huesos

Para la salsa:

- 2 cebollas
- 2 dientes de ajo
- 4 filetes de anchoa
- 2 cucharadas de alcaparras
- 2 manojos de perejil
- 1 limón
- 2 cucharadas de pan rallado
- 1,2 dl de aceite de oliva
- 1 pizca de sal, pimienta blanca recién molida y azúcar

Elaborada • Coste medio

Por persona aproximadamente 2 700 kJ/ 640 kcal · 72 g proteínas 33 g grasas · 17 g hidratos de carbono

Tiempo de preparación: 1 hora
Tiempo de cocción: 2½ horas
Tiempo de refrigeración: 1 hora

Prepare los puerros, córtelos a lo largo, lávelos y, según su tamaño, pártalos por la mitad o en cuartos. Raspe el apio nabo y las zanahorias, lávelos y córtelos en trozos. Pele la cebolla y pártala por la mitad. • Lave la carne de buey y la lengua de ternera; cepille la parte superior de la lengua. • Ponga a cocer 2 l de agua, añada la carne, la lengua, las verduras, la hoja de laurel, los granos de pimienta y la sal; lleve a ebullición y quite a menudo la espuma que se forme. • Deje cocer después la carne, tapada y a fuego lento durante 2½ horas. • Lave la pechuga de pollo, añádala a la carne pasadas 2 horas y cuézala con ella los últimos 30 minutos. • Para la salsa, pele las cebollas y los dientes de ajo. Pique finamente las cebollas y pase los dientes de ajo por el prensaajos. • Lave los filetes de anchoa bajo el chorro del agua fría, séquelos y píquelos finamente junto con las alcaparras. • Lave el perejil, séquelo y píquelo. • Lave el limón con agua templada, séquelo y ralle finamente la corteza. Exprima el zumo. • Mezcle las cebollas, el ajo, las anchoas, las alcaparras, el perejil, la ralladura de limón y el pan rallado. Añada poco a poco a esta mezcla el zumo de limón y el aceite y condimente la salsa con la sal, la pimienta y el azúcar; déjela reposar tapada en el frigorífico. • Saque la carne del caldo. Quítele a la lengua la piel y todos los tendones y cartílagos. Pele y deshuese la carne de pollo. Deje enfriar la carne cubierta con caldo en el frigorífico. • Trinche las carnes, preséntelas en un plato grande y sírvalas con la salsa. • Acompáñelas con una fuente de ensalada mixta, mitades de huevos duros y pan.

Ensaladas preparadas con mucha fantasía

Deje reposar estas ensaladas el tiempo suficiente

Ensalada de ternera

A la izquierda de la foto

- 500 g de granos de espelta o trigo
- 1 cucharadita de albahaca finamente picada
- 1½ cucharaditas de sal marina
- 500 g de carne de pescuezo de ternera
- 1 cebolla · 500 g de calabacines
- 3 cucharadas de aceite de cártamo
- 2 pizcas de pimienta blanca recién molida
- 150 g de guisantes
- 1 cucharada de cebollino picado
- 1 cucharadita de salvia picada
- 4 cucharadas de crema de leche
- 2 cucharadas de zumo de limón

Receta integral

Por persona aproximadamente 3 200 kJ/ 760 kcal · 43 g proteínas 21 g grasas · 100 g hidratos de carbono

Tiempo de reposo: 12 horas
Tiempo de preparación: 1 hora

Deje hervir la espelta con ½ l de agua y déjela reposar tapada durante 12 horas. • Vuelva a cocer la espelta con la albahaca y 1 cucharadita de sal, añada la carne y, si fuese necesario, un poco de agua y déjelo cocer todo suavemente 45 minutos. • Escurra la carne y la espelta en un colador y recoja el caldo. • Corte la cebolla en rodajas. Corte los calabacines en tiras. • Dore las rodajas de cebolla en el aceite caliente, añada los calabacines, salpimente y deje cocer a fuego lento durante 2 minutos. • Agregue los guisantes y el caldo y deje que la mayor parte del líquido se reduzca. • Corte la carne en tiras, mézclela con la espelta, la verdura, las hierbas, la crema y el zumo de limón y deje reposar la ensalada tapada en el frigorífico.

Ensalada de buey

A la derecha de la foto

Ingredientes para 8 personas:

- 2 cebollas · 1 hoja de laurel
- 2 clavos
- 1 manojo de hierbas para el caldo
- 2 cucharaditas de sal
- 1 kg de lomo alto de buey
- 1 pimiento amarillo, verde y rojo
- 1 pepino
- 2 cucharadas de salsa de soja
- 3 cucharadas de vinagre de vino tinto
- 1 cucharadita de pimienta negra recién molida
- 1 pizca de azúcar
- 1 cucharadita de mostaza
- ½ cucharadita de pimentón dulce
- 2 cucharadas de cebollino picado

Elaborada

Por persona aproximadamente 1 400 kJ/ 330 kcal · 25 g proteínas 22 g grasas · 7 g hidratos de carbono

Tiempo de preparación: 1½ horas
Tiempo de adobo: 1 hora

Pele 1 cebolla, pinche en ella la hoja de laurel y los clavos y póngala a hervir con el ramillete de hierbas preparado, 1 l de agua y 1 cucharadita de sal. • Cueza la carne a fuego lento durante 1½ horas. • Elimine al principio la espuma que se forme y deje proseguir después la cocción con el recipiente entreabierto. • Prepare los pimientos, lávelos y córtelos en tiras. • Corte la cebolla restante en anillos y el pepino en rodajas. • Bata la salsa de soja con el vinagre, el resto de la sal y las especias. • Deje enfriar la carne dentro del caldo, elimine la grasa, córtela en tiras y mézclela con la verdura y la salsa. • Deje adobar la ensalada 1 hora y esparza por encima el cebollino.

Pastel de hígado con uvas

Un pastel especialmente festivo por su forma y decoración

Ingredientes para un molde de 26 cm de diámetro:
- 400 g de higadillos de ave
- 100 g de tocino
- 2 cebollas medianas
- 3 rebanadas de pan de molde
- ½ cucharadita de sal
- 2 pizcas de pimienta blanca recién molida
- 3 cucharaditas de especias para carne
- 4 cucharadas de jerez medium
- 600 g de carne de salchicha Bratwurst
- 4 hojas de gelatina incolora
- 125 g de uvas blancas y negras
- ¼ l de salsa Cumberland
- 2 dl de crema de leche espesa
- 1 sobre de polvos para endurecer la crema (producto comercial), opcional
- 1 cucharadita de azúcar
- 1 pizca de sal
- 1 cucharada de raiforte rallado
- Para el molde: mantequilla

Receta clásica • Elaborada

En 12 porciones
Por cada porción aproximadamente 1 600 kJ/ 380 kcal · 16 g proteínas 29 g grasas · 15 g hidratos de carbono

Tiempo de preparación: 40 minutos
Tiempo de cocción: 50 minutos
Tiempo de confección: 40 minutos

Lave los higadillos de ave, séquelos y quíteles la grasa y las membranas. • Corte el tocino en dados. Pele las cebollas y píquelas finamente. • Remoje el pan de molde en agua fría. • Precaliente el horno a 180°. Unte el molde o tartera con mantequilla. • Derrita los dados de tocino y fría los higadillos de ave en la grasa de tocino removiéndolos durante 3 minutos, añada la cebolla y fríala con ellos, hasta que esté transparente. • Mezcle la masa de hígado con las especias y el jerez, retírela del fuego y déjela enfriar. • Mezcle el interior de la salchicha con el pan exprimido. • Pique en trocitos los higadillos de ave y mézclelos con las cebollas y el tocino con la masa de salchichas. • Vierta esta mezcla de carne en el molde e introduzca éste en el centro del horno durante 50 minutos. • Deje reposar el pastel en el molde durante 10 minutos y póngalo a enfriar después en una fuente. • Remoje la gelatina en abundante agua fría. • Lave las uvas, séquelas, pártalas por la mitad y quíteles las pepitas. Coloque las uvas sobre el pastel con la parte redondeada hacia arriba; deje libre un borde de 4 cm de ancho. • Caliente la salsa Cumberland. Escurra la gelatina, deslíele en la salsa caliente y déjela aparte. • Bata la crema de leche con los polvos, el azúcar y la sal hasta que esté firme y añádale el raiforte. • Unte las paredes laterales del pastel con la crema de raiforte. Introduzca el resto de la crema batida en una manga pastelera provista de boquilla rizada y forme una corona de copos de crema alrededor de las uvas. • Vierta la salsa Cumberland cuando empiece a solidificarse sobre las uvas y deje cuajar la gelatina en el frigorífico hasta el momento de servir el pastel. • Acompáñelo de pan fresco y una ensalada de temporada.

Nuestra sugerencia: En lugar de higadillos de ave puede utilizar hígado de ternera. La salsa Cumberland se encuentra preparada en charcuterías especializadas.

Terrina de jabalí

El típico sabor de la caza resalta aquí plenamente

Ingredientes para 8 personas:
250 g de champiñones
1 kg de carne de jabalí deshuesada
200 g de cebollas blancas
1 manojo de perejil
250 g de tocino gordo
250 g de higadillos de ave
50 g de mantequilla
½ cucharadita de sal y pimienta negra recién molida
1 cucharadita de romero seco
4 cucharadas de vino de Madeira

Elaborada

Por persona aproximadamente 2 700 kJ/ 640 kcal · 32 g proteínas 55 g grasas · 4 g hidratos de carbono

Tiempo de preparación: 1 hora
Tiempo de cocción: 1½ horas

Prepare los champiñones. • Quite a la carne las membranas y las pieles, lávela, séquela y trocéela. • Corte las cebollas en ocho trozos. Lave el perejil, escúrralo, reserve 1 ramita y pique el resto. Corte el tocino en dados. • Quite a los higadillos membranas y pieles, lávelos, séquelos y fríalos en la mantequilla 5 minutos. • Pase la carne 2 veces, junto con las cebollas y el tocino, por el disco más fino de la picadora de carne. • Corte los higadillos en dados y mézclelos junto con su fondo de cocción, el perejil picado, las especias, el vino y la masa de carne. • Precaliente el horno a 200°. • Vierta la mitad de la masa de carne en una terrina refractaria, reparta encima los champiñones y el resto de la carne. Tape la terrina con su tapadera. • Ponga agua caliente en la bandeja honda del horno, coloque dentro la terrina y déjela cocer al baño maría en el centro del horno durante 1½ horas. • Ponga a enfriar la terrina en el frigorífico y adórnela con el perejil restante. Sírvala con confitura de arándanos y pan blanco fresco.

Terrina exquisita de ternera

Enriquece el bufet frío y queda bien como entrada

Ingredientes para una terrina con tapadera de 1,2 l de capacidad:
400 g de solomillo de ternera
250 g de solomillo de cerdo
650 g de tocino gordo fresco en lonchas finas
1½ cucharaditas de sal
½ cucharadita de pimienta verde, albahaca, salvia y tomillo secos
50 g de pan blanco sin corteza
1 clara de huevo · 2 dl de crema de leche
2 escalonias
200 g de hígado de ternera
60 g de mantequilla
2 cucharadas de coñac y cointreau
1 diente de ajo
1 pizca de jengibre
Cardamomo en polvo
200 g de champiñones
100 g de jamón dulce desgrasado
2 cucharadas de perejil picado

Elaborada • Presenta alguna dificultad

En 20 lonchas por porción aproximadamente 1 400 kJ/ 330 kcal · 14 g proteínas 30 g grasas · 3 g hidratos de carbono

Tiempo de preparación: 1½ horas
Tiempo de refrigeración: 12 horas
Tiempo de cocción: 50 minutos

Lave la carne, séquela y quítele membranas, pieles y grasa. • Corte la carne en filetes finos y colóquela en una fuente con 250 g de lonchas de tocino. • Mezcle 1 cucharadita de sal con las especias restantes y espárzalas sobre la carne. • Corte el pan en rebanadas finas y póngalo por encima. • Bata la clara de huevo con 6 cucharadas de crema de leche y viértalo despacio sobre el pan. • Reserve la fuente tapada 12 horas en el frigorífico. • Pele las escalonias y píquelas. Lave el hígado de ternera, quítele la piel y córtelo en dados. • Derrita 30 g de mantequilla, dore en ella las escalonias, añada el hígado, déjelo cocer 2 minutos y aparte el recipiente del fuego. • Pase la carne 2 veces con el tocino y el pan por el disco más fino de la picadora de carne. Amase esta farsa con el coñac, el cointreau, el resto de la sal, el diente de ajo machacado, el jengibre, el cardamomo y reserve de nuevo en el frigorífico. • Prepare los champiñones y córtelos en rodajas. Corte el jamón en dados pequeños. • Precaliente el horno a 220°. • Recubra la terrina totalmente con parte de las lonchas de tocino restantes; éstas tienen que sobresalir por encima del borde de la terrina. • Bata la farsa en un cuenco dispuesto sobre cubitos de hielo con el resto de la crema y la mantequilla, así como con el perejil, hasta que esté brillante. Agréguele las escalonias, el hígado de ternera, los champiñones y el jamón, viértalo todo en la terrina y cubra ésta con las lonchas de tocino que sobresalen y las que hayan sobrado. Ponga la tapa y deje cocer la terrina al baño maría en la bandeja honda del horno con agua caliente en el piso inferior durante 50 minutos; baje la temperatura a 180°. • Ponga a enfriar la terrina una vez terminada y antes de servirla quítele las lonchas de tocino de encima. • Acompañe con una ensalada mixta y pan.

Pastel de cordero con mollejas

Un bocado exquisito para acompañar el cava

Ingredientes para un molde de
26 cm de diámetro
500 g de paletilla de cordero deshuesada
100 g de pan blanco sin corteza
1 pizca de menta y romero secos
y pimienta blanca recién molida
½ cucharadita de sal
1 clara de huevo
¼ de l de crema de leche
400 g de mollejas de ternera
50 g de trufas en conserva
3 cucharaditas de albahaca picada
500 g de harina
175 g de mantequilla
1 huevo · 1 yema de huevo

Coste medio • Elaborada

En 12 trozos por porción, aproximadamente 1 900 kJ/ 450 kcal · 23 g proteínas 25 g grasas · 37 g hidratos de carbono

Tiempo de preparación: 1½ horas
Tiempo de refrigeración: 12 horas
Tiempo de cocción: 1 hora

Lave la carne de cordero, séquela, quítele las membranas y las pieles, córtela en tiras finas y ponga éstas en una fuente. • Corte el pan también en tiras y póngalo sobre la carne. • Mezcle las especias con 1 pizca de sal y espolvoréelas sobre el pan. • Bata la clara con 6 cucharadas de crema de leche y reparta la mezcla sobre el pan. Reserve la fuente tapada durante 12 horas en el frigorífico. • Ponga a remojar las mollejas y cámbieles el agua varias veces. • Escalde suavemente las mollejas 10 minutos en agua salada, póngalas a enfriar en agua fría y quíteles las pieles, membranas y restos de sangre. Trocee las mollejas y póngalas aparte. • Bata el resto de la crema hasta que espese. • Pase la carne con el pan 2 veces por el disco más fino de la picadora de carne y mézclela en un cuenco dispuesto sobre cubitos de hielo con la crema batida. • Trocee las trufas y mézclelas con su líquido de conservación, la albahaca, las mollejas y la farsa y vuelva a reservar ésta en el frigorífico. • Precaliente el horno a 220°. • Prepare una pasta quebrada con la harina, la mantequilla, el huevo, el resto de la sal y 1 cucharada de agua helada. Extienda la masa con un rodillo formando 2 láminas de 30 cm de diámetro y cubra con una de ellas la base y las paredes del molde. Pinche la base de la pasta varias veces con un tenedor. • Vierta la farsa en el molde, cubra ésta con la segunda lámina de pasta, recorte la pasta sobrante y junte los bordes presionando. • Pinche también varias veces la superficie del pastel para que pueda escapar el vapor durante el horneado. • Forme adornos con la pasta restante con la ayuda de moldecitos pequeños. • Bata la yema de huevo, pincele con ella la superficie de la pasta, coloque las figuritas sobre el pastel y úntelas también con la yema de huevo. • Ponga a hornear el pastel 1 hora en el centro del horno. Si fuese necesario, cubra la superficie con papel sulfurizado antes de terminar el horneado, para que el pastel no se oscurezca. • Deje reposar el pastel 15 minutos en el molde, vuélquelo y póngalo después a enfriar en una rejilla metálica.

Trinchar bien la carne

Asados grandes deshuesados

La carne se corta básicamente en sentido contrario de las fibras. La carne de estructura fibrosa fina, como por ejemplo el rosbif, se corta en lonchas finas de ½ cm de grosor; la carne blanda de estructura fibrosa, en lonchas de 1 a 2 cm de grosor. Si un asado es excesivo para una sola comida, sólo se corta en lonchas la mitad de la pieza, puesto que la pieza entera se mantiene mucho más tiempo caliente y en caso de querer conservarla un tiempo, no se seca. Las costras duras o las cortezas, difíciles de cortar y que son tan codiciadas, se eliminan justo antes de trinchar y se distribuyen justo sobre las lonchas de carne.

La mejor base para trinchar es una tabla de trinchar grande con un canal para recoger el jugo. Se debe pasar eventualmente por agua fría, para que la madera no absorba el jugo de la carne. El jugo que se desprende al cortar se recoge en el canal. Si no dispone de una tabla de trinchar, el asado deberá cortarse en la misma fuente donde se sirve.

Piernas y costillares asados

El corte de los asados con hueso está condicionado por el recorrido del mismo. Cuando se trata de un costillar asado o chuletas, debe pedir al carnicero que le separe las costillas unas de otras, de forma que pueda cortar después las chuletas fácilmente.

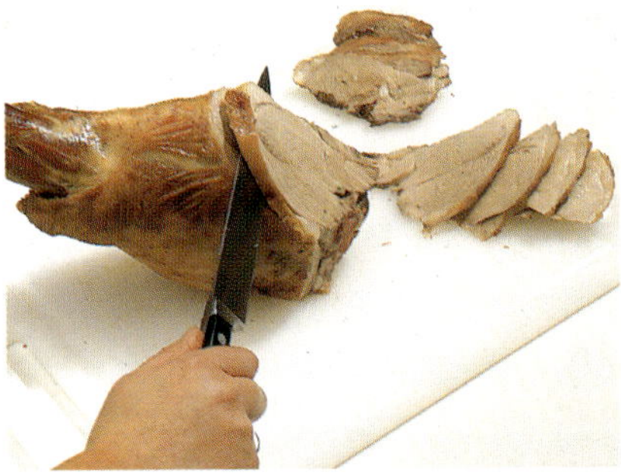

Para una pierna pequeña se pueden utilizar según el tamaño y la forma las dos técnicas de trinchado siguientes:
En las piernas pequeñas se cortan las lonchas con el cuchillo de trinchar al sesgo del hueso. Estas lonchas se dejan encima del hueso o se presentan en una fuente.

Asados de silla y espaldilla

Generalmente los asados de silla y lomo de corzo y liebre se sirven trinchados en la forma que proponemos. En las comidas de invitados se suele ofrecer también paletilla de cordero, cochinillo y espaldilla de ternera, de acuerdo con el método mostrado. Muy importante: cuanto mayor sea un asado, tanto más tiempo debería dejarse reposar tras la cocción y antes de trincharlo, en el horno apagado, para que el jugo de la carne pueda repartirse regularmente en su interior. De este modo, al cortar se desprenderá muy poco jugo.

Ponga por ejemplo una silla de corzo en la tabla de trinchar y corte con el cuchillo de trinchar a lo largo de la columna hasta las vértebras.

Grandes bistecs

Los bistecs de hasta 300 g son de porción y se sirven enteros. Los grandes bistecs como el entrecot doble, el bistec Porterhouse o el bistec T-bone pesan entre 600 y 1 000 g y dan de dos a cuatro porciones. Por eso, antes de servirlos hay que trincharlos de forma especial. Importante: el trinchado ha de realizarse con mucha rapidez, para que no se pierda demasiado calor. Las porciones se colocan inmediatamente en platos muy calientes y se sirven.

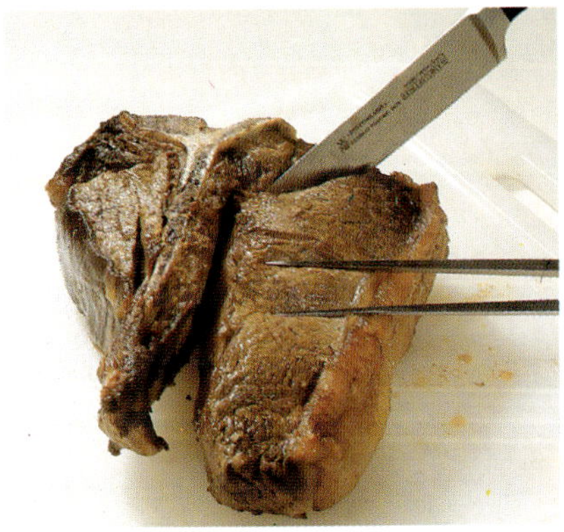

Los bistecs con hueso como el bistec Porterhouse y el bistec T-bone se presionan con el lomo del tenedor de trinchar sobre la tabla y se separan del hueso; el bistec T-bone tiene un recorrido más afilado que el bistec Porterhouse.

Los mejores instrumentos para hacerlo son los cubiertos de trinchar. El tenedor se utiliza sólo muy rara vez para pinchar. Lo mejor es sujetar el asado presionando con el mango del tenedor y cortar el asado con el cuchillo de trinchar en lonchas.

Presente las lonchas en forma de abanico en una fuente muy caliente junto con el trozo de asado que no haya cortado todavía y rocíelas con el jugo de la carne del canal. Según las guarniciones que vaya a servir, el tamaño del asado y de la fuente, puede adornar ésta con las guarniciones alrededor del asado.

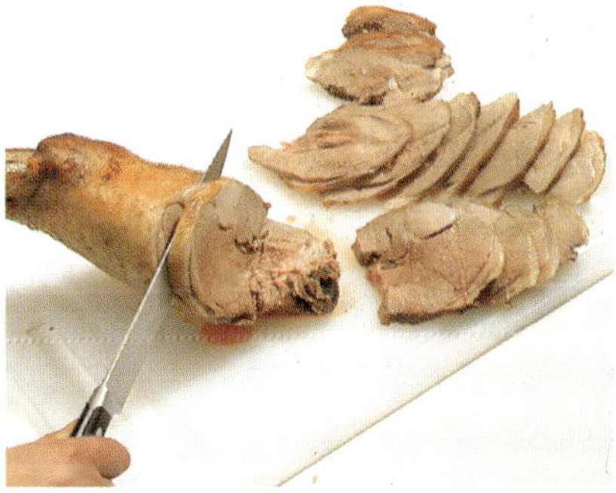

También puede cortar la carne por los dos lados a lo largo del hueso y dividir después estos cortes verticalmente en lonchas. Puede servir después la pierna de este modo o colocar las lonchas en una fuente en forma de abanico.

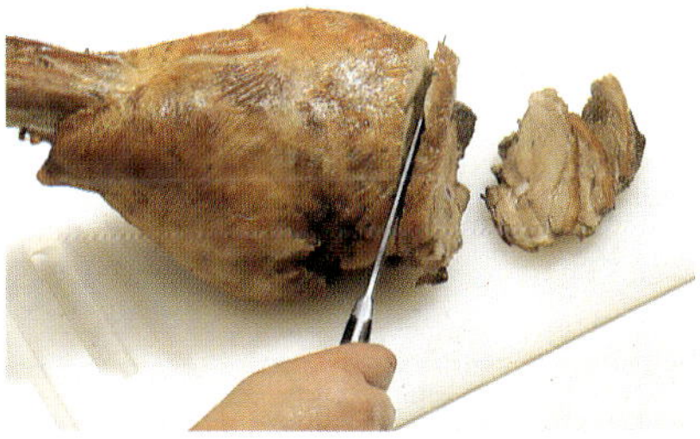

Si el tamaño de la pierna es excesivo para la comida prevista, corte primero en lonchas la parte que no tiene hueso. Después, separe la carne del hueso por el lado grueso de la pierna, dejándola sobre el hueso y cortándola en lonchas verticales.

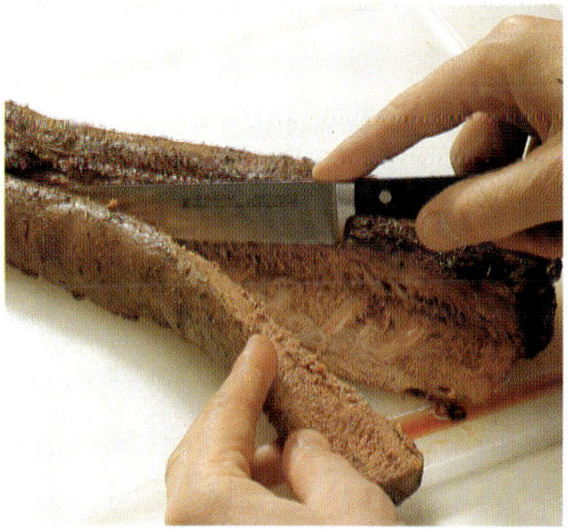

Separe después las tiras de solomillo de las costillas de fuera a adentro, haciendo pequeños cortes. Esto es bastante difícil; pero no es necesario separar totalmente la carne, pues si se corta en lonchas resulta muy fácil de quitar después.

Las tiras de solomillo así separadas se cortan de afuera al centro en lonchas del mismo grosor y se sirven sobre la carcasa.

Corte después el bistec en lonchas de 3 cm de grosor. Corte al sesgo de arriba a abajo.

El entrecot doble deshuesado se puede cortar inmediatamente en lonchas de 3 cm de grosor. En todos los casos descritos deberá verter el jugo de carne recogido en el canal de la tabla de trinchar sobre cada una de las porciones.

Las partes más importantes del buey

1

Pescuezo o cuello
Las piezas del cuello —también llamado pescuezo— son relativamente económicas, ya que esta carne musculosa tiene muchas venas. Es una carne muy apropiada para guisar, pero al prepararla, hay que tomarse el trabajo de quitarle las venas y tendones. Con una pieza del pescuezo se puede también hacer un estofado muy bueno o una buena sopa de cocido. Tiene que dejarse cocer mucho tiempo y necesita calor húmedo, por eso se utiliza principalmente para estofados y cocidos.

2

Aguja
Esta parte está entreverada de grasa y tiene muchas venas y tendones, sin embargo, si se tiene cociendo durante el tiempo suficiente da unos asados exquisitos, muy jugosos. Esta pieza se suele utilizar para estofar o también para picar.

3

Lomo alto
Se puede comprar con hueso o ya deshuesado. La carne tiene fibras muy finas y, al estar muy entreverada —presenta aspecto amarmolado— esto indica que contiene bastante grasa en su interior. Si la carne es de animales jóvenes, se utiliza para freír y asar a la parrilla. También se aprecia mucho como carne de cocido especialmente exquisita. Con objeto de conseguir tiempos de cocción más reducidos, la carne para cocer se corta en bistecs gruesos del tamaño de chuletas.

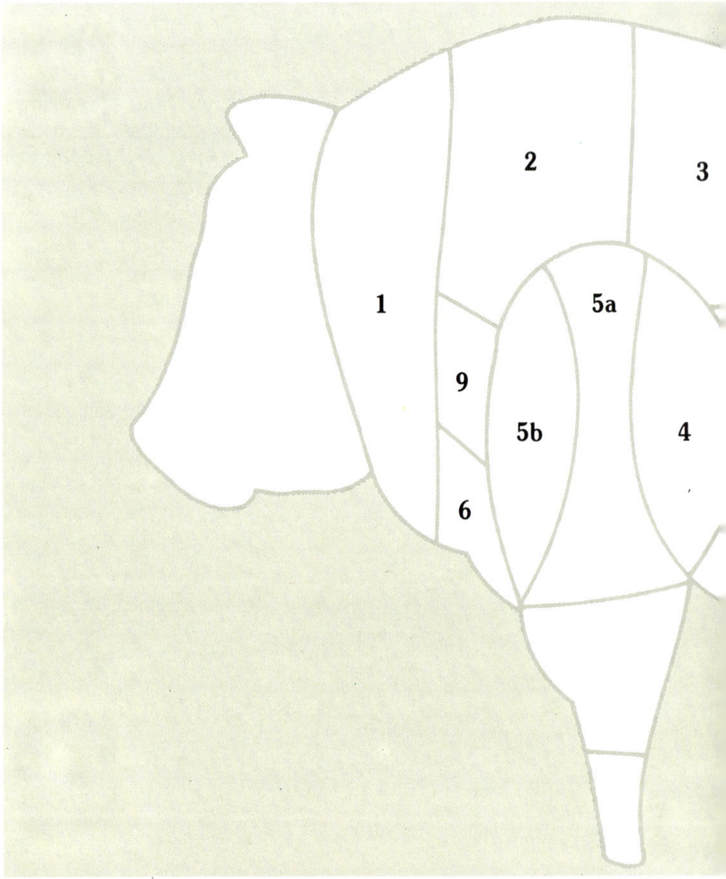

4

Espalda
Forma parte de esta pieza. La carne tiene una fibra muy fina y es muy apropiada para picar, asar y guisar, así como para freír. La espalda puede venderse, a veces, junto con la llana.

5a

Llana
Esta parte de la espalda es una pieza regular bastante plana. Se utiliza con frecuencia para picar, aunque también es apropiada para guisar y emplear en cocidos.

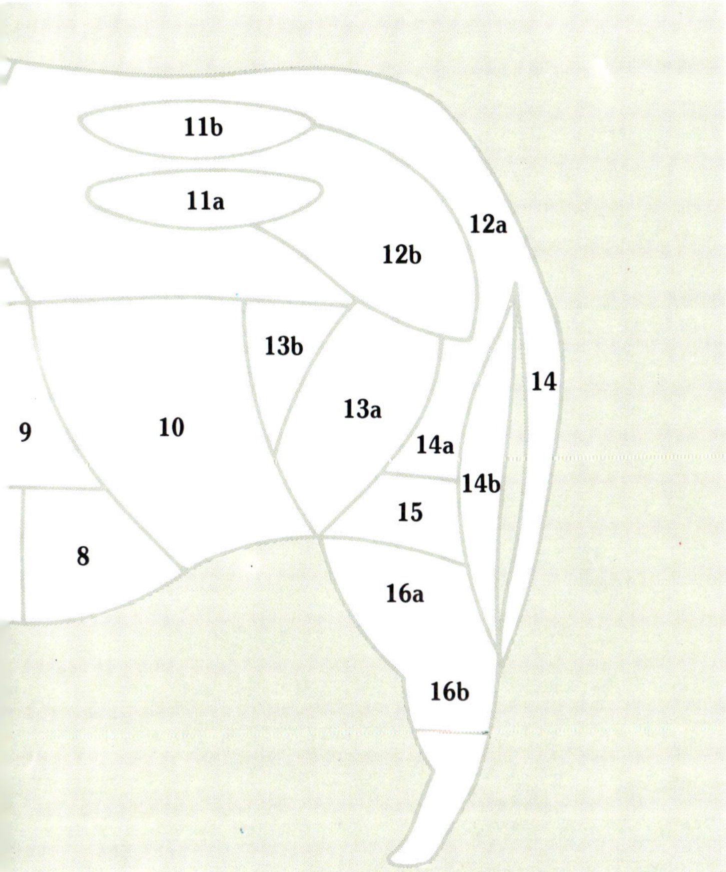

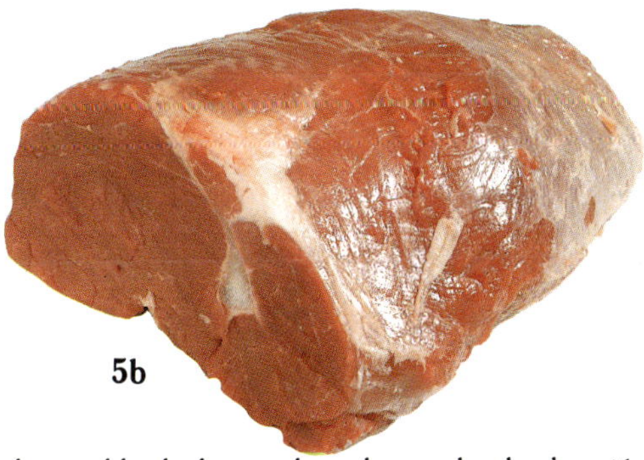

5b

Pez
Esta parte de la espalda de forma alargada y redondeada está recomendada para asar en cazuelas, mechar, aunque también puede cortarse en dados y guisarse con verduras.

6

Pecho
El pecho tiene una buena proporción de tejido conjuntivo con huesos, tendones y grasa y es muy apropiado para hacer caldos y cocidos que, en cualquier caso, deben desgrasarse. También puede guisarse.

7

Pecho deshuesado
El pecho deshuesado es una de las piezas económicas del buey. El pecho, una vez deshuesado, puede rellenarse y enrollarse. Este trozo está entreverado y recubierto de grasa y también proporciona buenos caldos gelatinosos.

8

Pecho medio
La mejor parte del pecho de buey es el pecho medio o posterior. Tiene pocos huesos, normalmente es más magro que otras partes del pecho, pero sigue siendo económico. Se prepara como carne de cocido o como pecho asado.

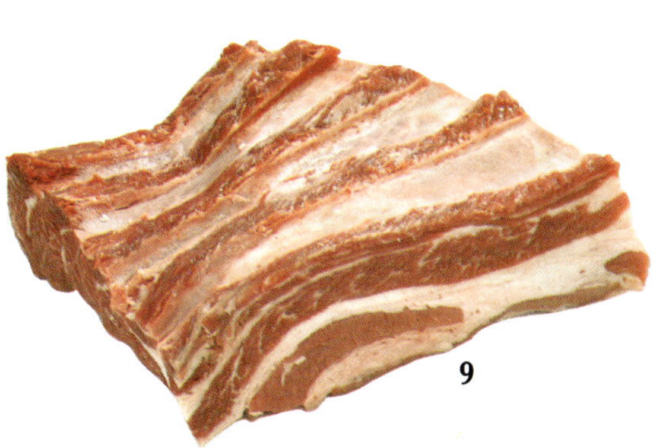

9

Costillar
Esta pieza del cuarto anterior constituye el pecho o caja torácica. Por su combinación de carne, grasa y huesos resulta muy buena como carne de caldo, guisos o estofados, que deben desgrasarse por resultar demasiado grasos.

Las partes más importantes del buey

10

Falda
La falda da un caldo muy bueno. Aproximadamente un tercio de esta carne clásica de cocido está lleno de huesos costales y es cartilaginosa. De las partes sin hueso se obtiene, una vez quitados los nervios, una carne de cocido de fibra muy fina.

11a

Solomillo
El solomillo es la mejor parte de carne del buey y también la más cara. Forma parte del cuarto posterior (lomo), pero está situado por debajo de las costillas. Es una pieza para freír o asar a la parrilla. El Chateaubriand se prepara de la parte central. Los tournedós de la parte baja más fina y el filet Mignon de la punta del solomillo.

11b

Lomo
Es una de las piezas más nobles del buey y es una parte del cuarto exterior. De una parte del lomo se prepara el famoso rosbif (foto superior). La estructura fibrosa de su carne es suelta y blanda. El lomo se prepara como asado grande, en forma de rosbif y cortado en bistecs.

12b

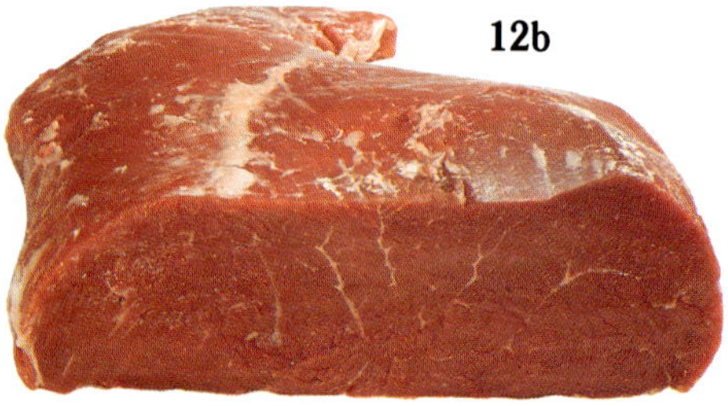

Cadera
Esta carne sin grasa es muy apropiada para «fondues» de carne, y para preparar pequeños rollitos de carne con deliciosos rellenos.

13a

Contra
Se denomina también culata de contra. La carne de la contra tiene menos grasa que la de la cadera y por ello es más seca y compacta, y por ello, también, antes de asarla se debería mechar o recubrir de tocino. Además es muy adecuada para fritos rápidos como tiritas.

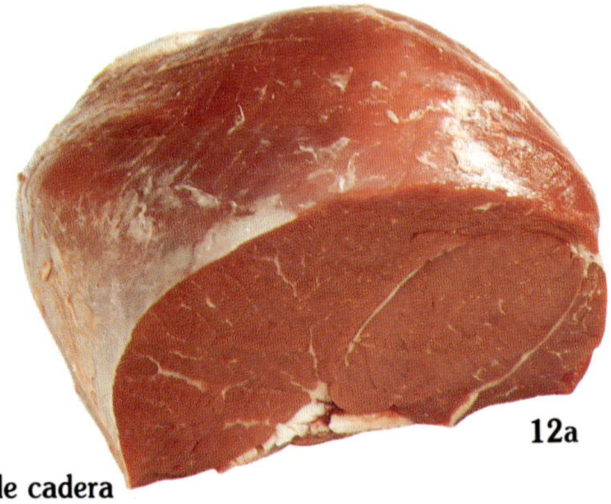

12a

Tapilla de cadera
Esta pieza de la cadera está entreverada de finas venitas de grasa y tiene una estructura de fibra suelta. La carne bien madurada de la tapilla de cadera de animales jóvenes se puede cortar en bistecs y asar a la parrilla o freír. La carne de animales menos jóvenes es apropiada para estofados y otros platos guisados.

13b

Rabillo de cadera
Tiene forma triangular. Es una pieza de calidad. Es tierna y jugosa y da unos extraordinarios estofados, guisos y es especialmente indicada para un delicioso goulasch y para el cocido.

14

Rabo de buey
Con él se hace la popular sopa de rabo de buey y también el rabo de buey guisado tan especial. Antes de prepararlo se corta el rabo en trozos de unos 5 cm de largo.

14a

Tapa

La tapa es una carne magra, de fibra algo gruesa y seca, a pesar de que la parte inferior está recubierta de una ligera capa de grasa. Del centro de la tapa pueden obtenerse bistecs finos para enrollar y, del final, trozos para mechar apropiados para asar.

14b

Redondo

El redondo tiene poca grasa, su fibra no es muy gruesa y es apropiada para freír, asar a la parrilla o guisar. Si se utiliza para pinchos o broquetas, tendrá un gran éxito.

15

Babilla

La babilla, un corte magro de la pierna, es la pieza clásica para sacar finos bistecs para enrollar. Puede cortarse en bistecs y usarse también para «fondue» de carne y bistec tártaro.

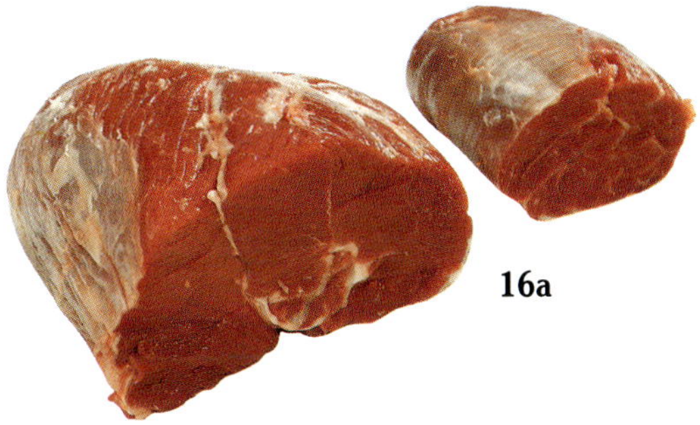

16a

Morcillo

La imagen nos muestra el morcillo trasero y delantero. Los morcillos de reses muy jóvenes pueden asarse al horno o a la parrilla como la pierna de ternera, pero requieren bastante más tiempo de cocción.

16b

Discos de morcillo

Se venden discos de 4 a 5 cm de grosor. Se sacan del morcillo trasero o de la pantorrilla. Con los huesos de caña y las venitas entreveradas, que al cocinarse forman gelatina, esta carne es muy apropiada para obtener platos gelatinosos y guisos o cocidos. La carne de las patas es muy sabrosa y si se deshuesa se pueden obtener exquisitos guisos debido a su delicada consistencia.

Las partes más importantes de la ternera

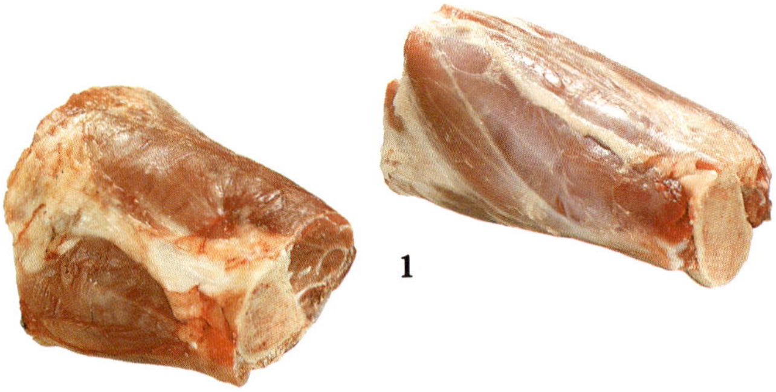

1

Morcillo delantero y trasero
La carne del morcillo es fuerte, sin grasa, gelatinosa y entreverada. El morcillo trasero es más grueso, más carnoso y algo más tierno, es decir, más adecuado para guisar. Es una carne adecuada para la cocción en medio húmedo y puede guisarse entera con el hueso, cortada en discos o deshuesada y troceada.

2

Morrillo
El morrillo está compuesto por los músculos correspondientes al cuello en su unión con el pecho; es apropiado para guisar y brasear.

3

Pecho
Es una pieza entreverada de grasa. Puede deshuesarse, rellenarse y enrollarse para asar. Los cartílagos del pecho, llamados ternillas, se consideran un plato exquisito para guisar. Los encontramos también en la parte inferior del pecho de ternera clásico.

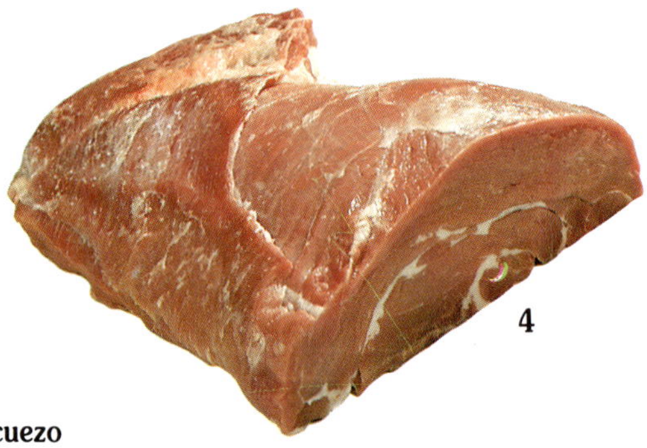

4

Pescuezo
El pescuezo o cuello contiene huesos y tendones y se vende generalmente troceado. Es apropiado para cocinar lentamente en un medio húmedo, es decir, para sopas, guisos, goulasch y estofados.

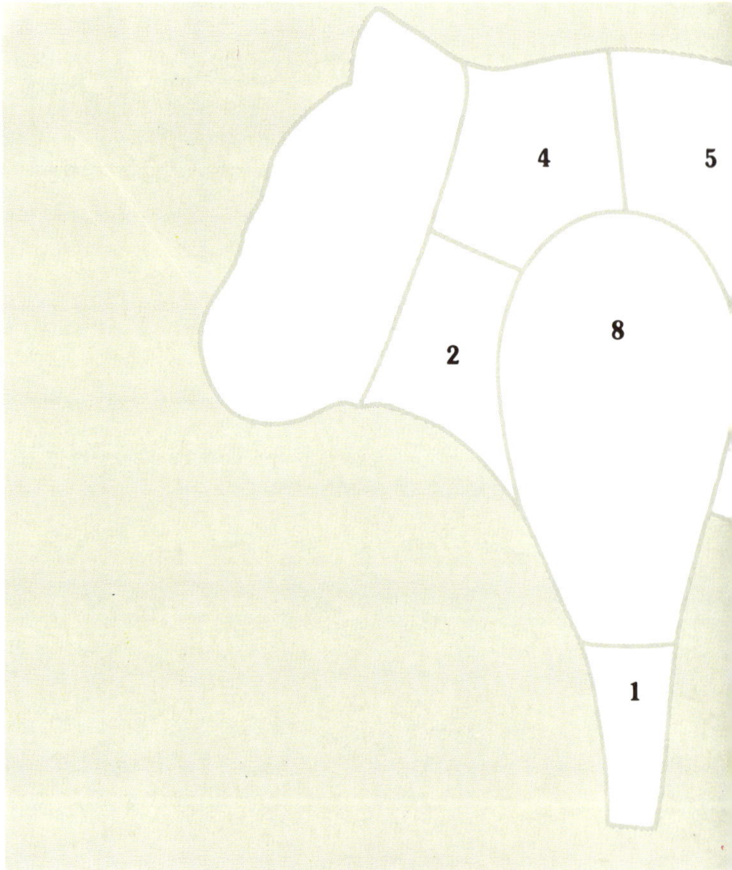

6

Lomo bajo
El lomo bajo sigue al alto, tiene una carne tierna y magra que puede cortarse en chuletas para asar o freír. También puede deshuesarse y enrollarse con los riñones para asar la pieza entera.

5

Lomo alto
Esta pieza de carne tierna se utiliza cortada en chuletas para asar o freír. También puede deshuesarse por completo y enrollarse para asar.

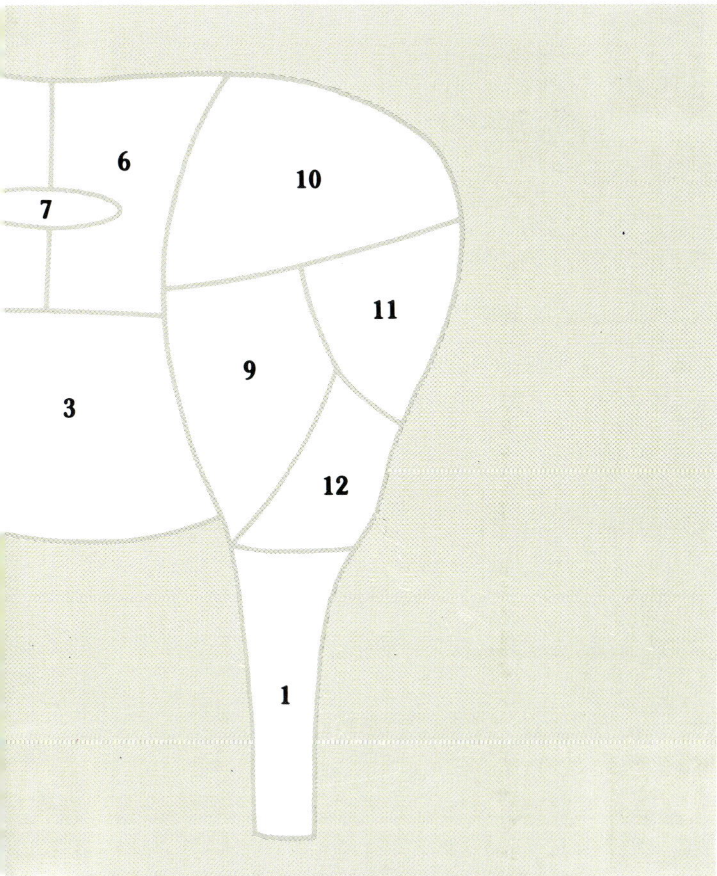

5-6

Lomo deshuesado
El lomo de ternera es el músculo situado sobre el solomillo, tan tierno como éste y apropiado para asados delicados.

7

Solomillo
El solomillo está situado debajo del lomo, y tiene una forma alargada y aplastada. Es la pieza más noble de la ternera y es muy indicada para freír. Cortado en lonchas, se obtienen de él los apreciados medallones de ternera.

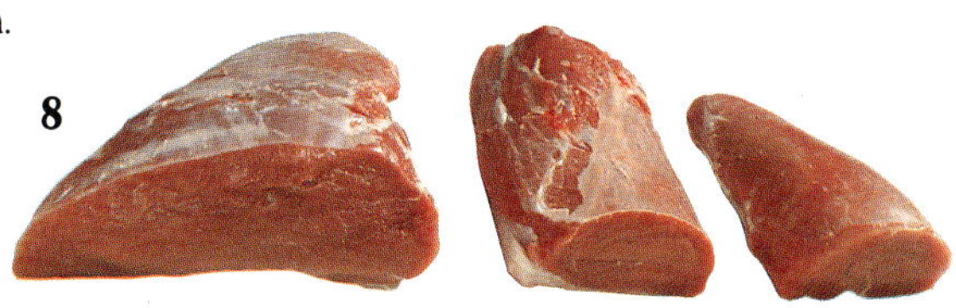
8

Espaldilla
Se corta a veces en tres piezas de diferente consistencia, denominadas espalda, llana y pez, apropiadas para asar, guisar, picar o cortar en tiritas.

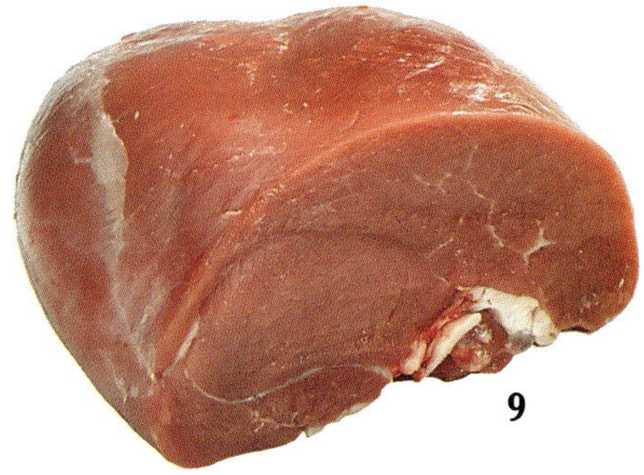
9

Babilla
La babilla es un músculo de la pierna, del que se obtienen asados tiernos. Si se corta en sentido de la fibra, se obtienen también buenos escalopes.

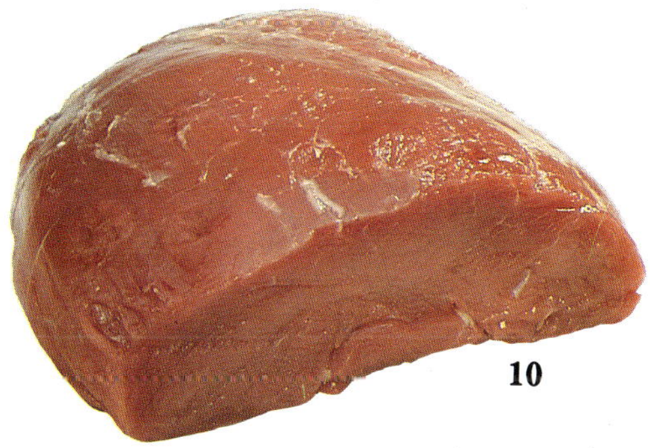
10

Cadera
La cadera forma parte de la pierna. Puede asarse en una pieza, acompañándola con una crema o cortarse en bistecs finos o escalopes.

11

Tapa
Es una de las mejores partes de la pierna. No tiene apenas grasa y es de fibra delicada, siendo indicada para asar en trozos grandes o bien freírse o rebozarse una vez cortada en tiritas o bistecs.

12

Contra
La contra tiene fibras más toscas y más capas de tejido conjuntivo que la tapa y, por lo tanto, no sirve para freír. Puede utilizarse en trozos mechados para asar o también puede cortarse en bistecs finos para rellenar y enrollar asados.

Las partes más importantes del cerdo

1

Cuello
La carne del cuello está bien entreverada, es jugosa y buena pare freír, asar a la parrilla y guisar.

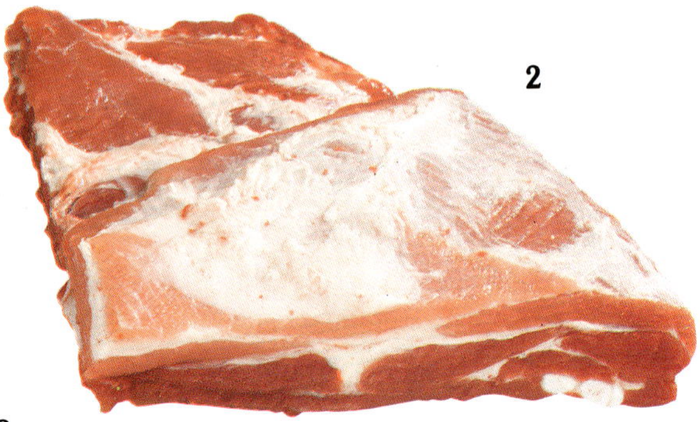

2

Papada
La carne de la papada no tiene fibras muy finas. Sin embargo da muy buenos goulasch, también puede deshuesarse, rellenarse, trocearse y guisarse con verduras.

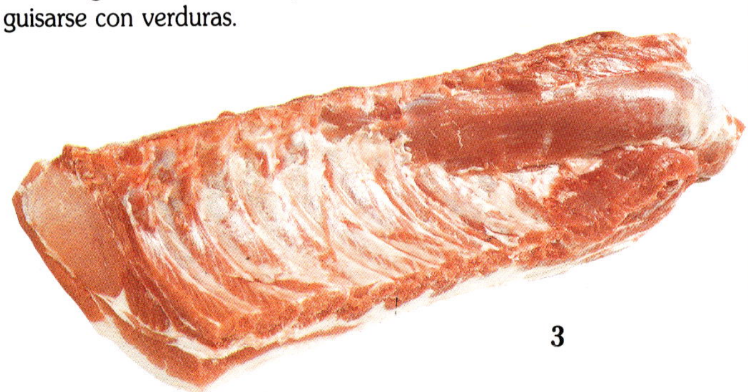

3

Chuletas de lomo
Estas chuletas de primera son apropiadas para freír y saltear. El trozo entero, deshuesado o con huesos puede asarse o brasearse. Con dos secciones de chuletas atadas en forma de círculo puede prepararse la famosa corona.

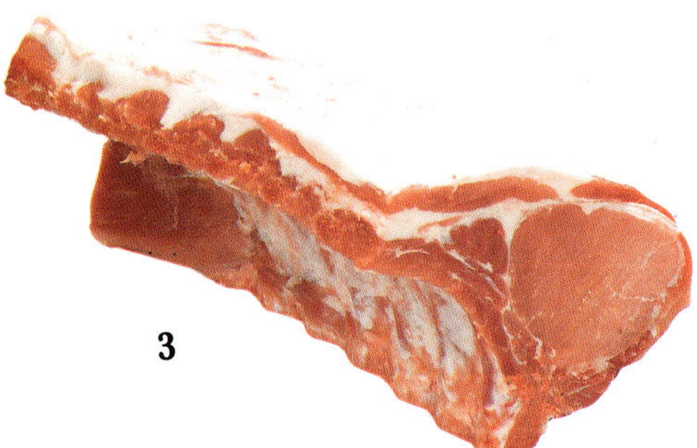

3

Chuletas de palo
Estas chuletas tienen como base ósea las vértebras dorsales y son apropiadas para freír y asar.

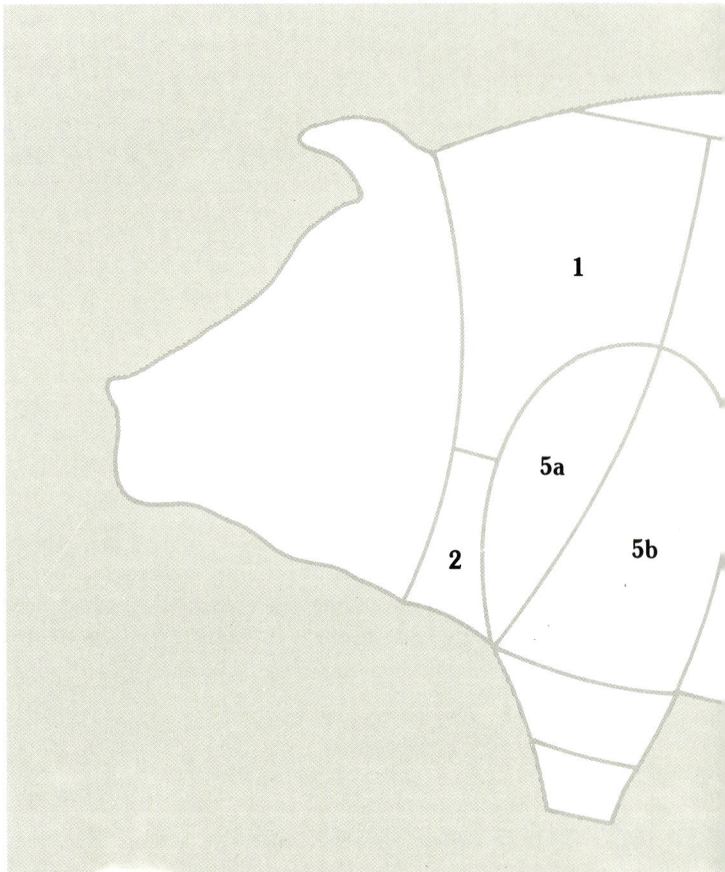

4a

Solomillo
El solomillo, de estructura fibrosa finísima, se asa entero o se corta en medallones o trozos para broquetas y «fondues».

4b

Lomo
Es una de las piezas más valiosas del cerdo y se asa entero o se fríe cortado en lonchas.

5a

Paletilla
Con la corteza entallada en forma de rombos se obtiene el famoso asado de cerdo.

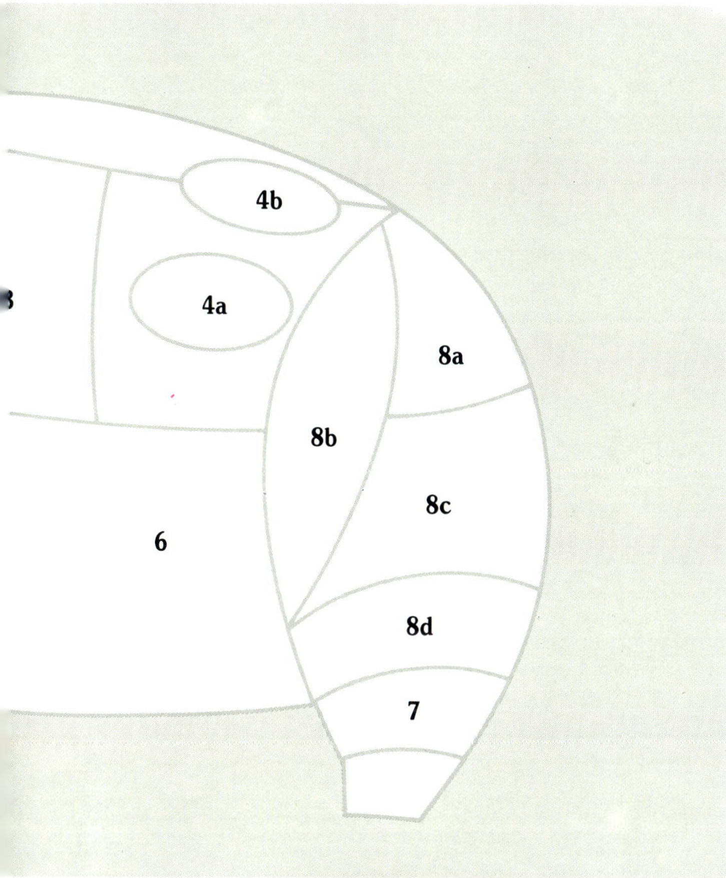

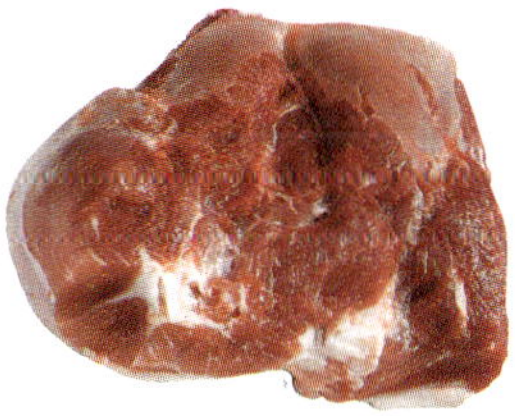

5b

Maza delantera
Esta parte de la paletilla deshuesada es indicada para preparaciones como broquetas, pinchos morunos, carnes guisadas y platos con carne picada.

6

Panceta y costillar
La panceta fresca es muy grasa y está indicada para freír, asar a la parrilla o cocer. Frecuentemente se utiliza ahumada. El costillar está situado al lado de la parte gruesa de la panceta.

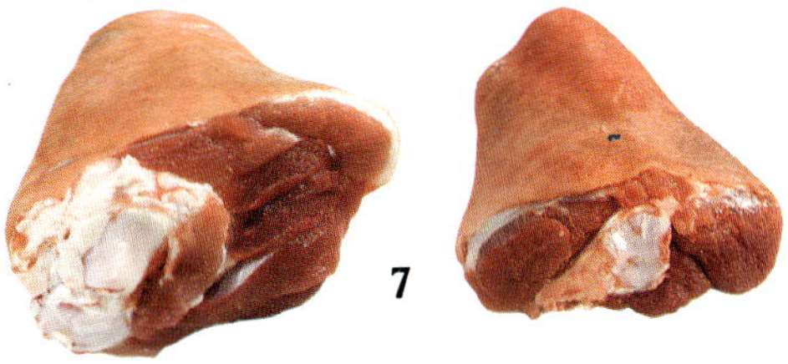

7

Codillo
Los codillos delanteros y traseros se pueden guisar, cocer, asar.

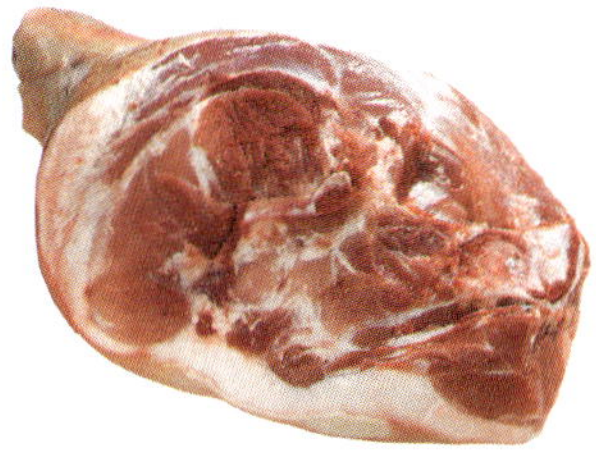

8

Pierna
De primera calidad. Puede asarse entera para las grandes ocasiones.

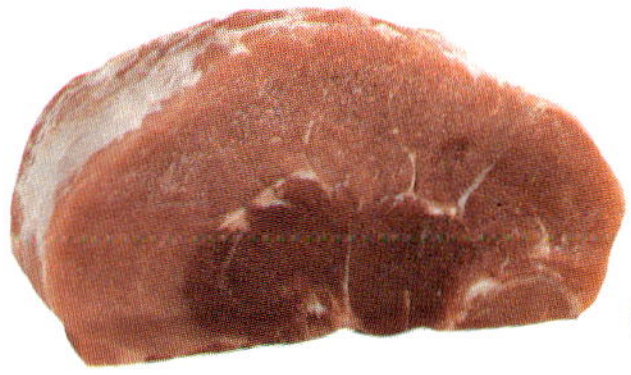

8a

Cadera
De este trozo de la pierna pueden obtenerse buenos asados. La cadera también puede ahumarse y cocerse con verduras o bien servirse como fiambre.

8b

Babilla
Este corte es muy indicado para asados y para sacar pequeños bistecs.

8c

Tapa
Se obtienen de aquí bistecs finos y el trozo una vez asado entero es el famoso jamón de Borgoña. No es indicado para otros asados por ser demasiado magro y resultar, por lo tanto, seco.

8d

Contra
Como parte de la pierna es de calidad excelente y sirve también para asar, para filetes o para picar.

Las partes más importantes del cordero

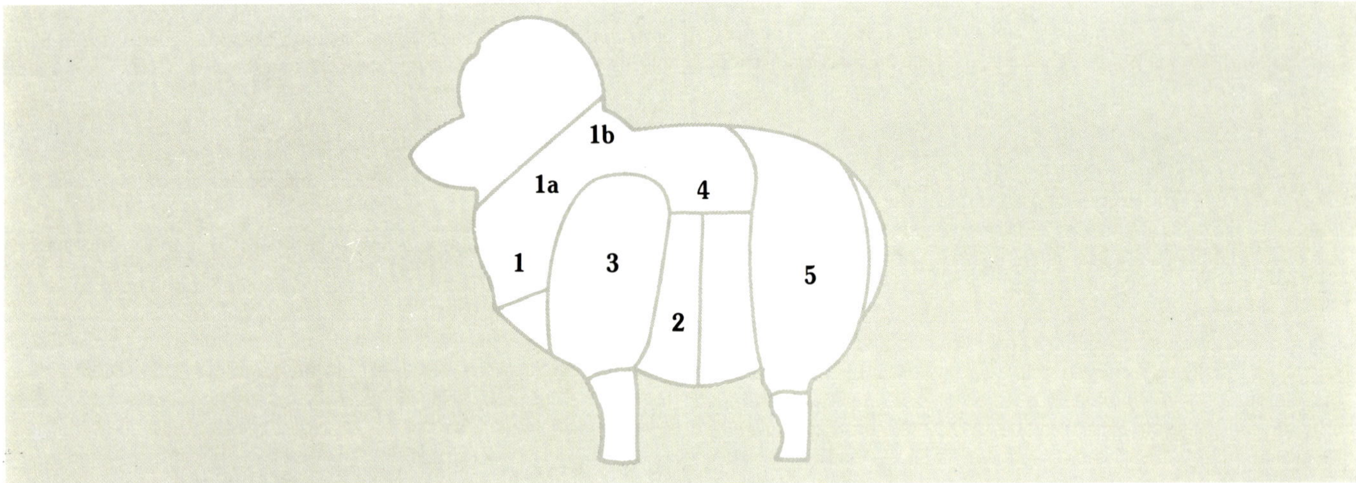

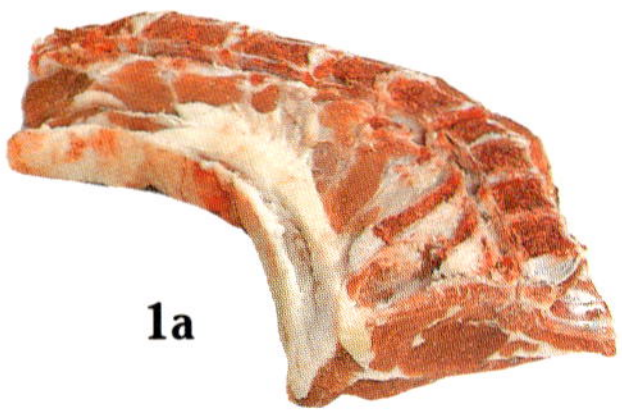
1a

Pescuezo
Si no está enrollado, el pescuezo es una pieza plana, típica para cocciones lentas en calor húmedo. Por lo tanto, es muy indicado para guisar, brasear y estofar.

1a

Chuletas de aguja enrolladas
En la foto de al lado se ha enrollado una parte de las chuletas de aguja para guisar. Para este tipo de asado sólo sirve la carne de animales jóvenes. El pescuezo tiene bastantes huesos y es muy grasiento y, por ello, se vende sin deshuesar y muy barato.

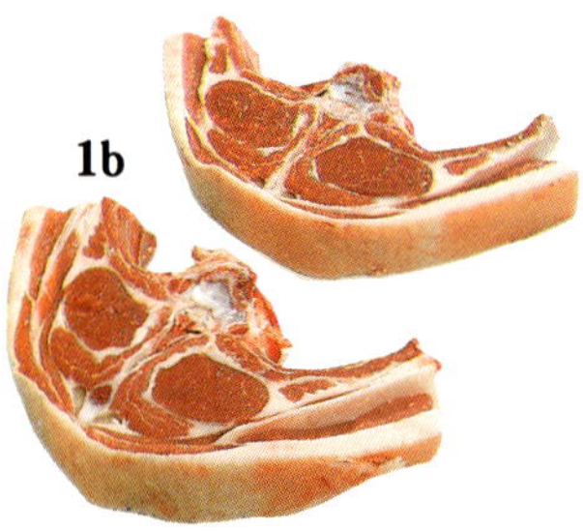
1b

Chuletas de aguja
Las chuletas de aguja pueden brasearse y asarse al horno o a la parrilla. A veces, esta parte se despieza en las llamadas chuletas dobles. Su carne es especialmente tierna y magra.

2

Pecho
En la imagen de la izquierda está ya separado el pecho. El pecho de los animales jóvenes no tiene mucha carne. El de los animales mayores está más entreverado de grasa. El pecho de cordero deshuesado puede asarse enrollado o relleno. Es muy indicado para guisar o brasear.

Paletilla
En la imagen de la derecha aparece la paletilla cortada. La paletilla tiene carne compacta, gelatinosa y algo más grasienta que la pierna. Es indicada para asar entera o deshuesada y enrollada o bien troceada para broquetas y guisos.

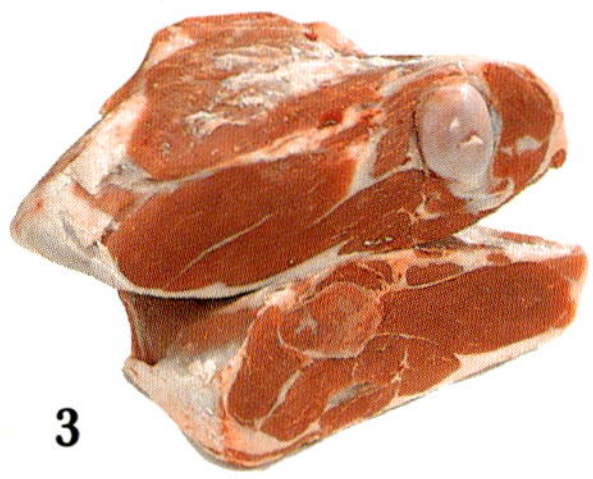
3

Chuletas de centro y lomo
Las chuletas de centro constituyen la pieza más fina del cordero. Se venden en pieza o en chuletas; con ellas se puede preparar el asado de corona, o deshuesadas pueden enrollarse y asarse. El solomillo deshuesado está indicado para creaciones especiales. Este corte es apropiado para freír o asar a la parrilla.

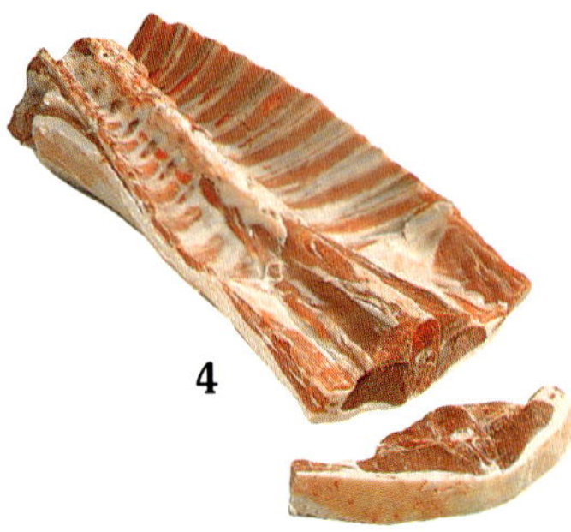
4

Chuletas de palo
Las chuletas de palo se cortan de las chuletas de centro y son excelentes para freír o asar a la parrilla.

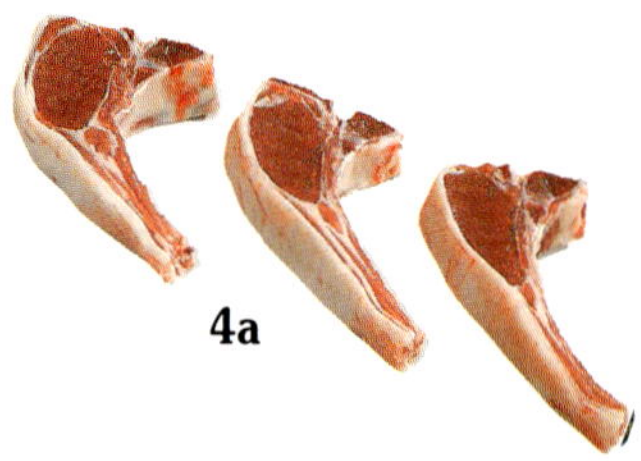
4a

Pierna
En la foto de la derecha la vemos cortada. La pierna de cordero suele tener hasta 2 kg de peso. De esta carne noble y magra se obtienen asados sabrosos, pero es aconsejable asarla entera con el hueso.

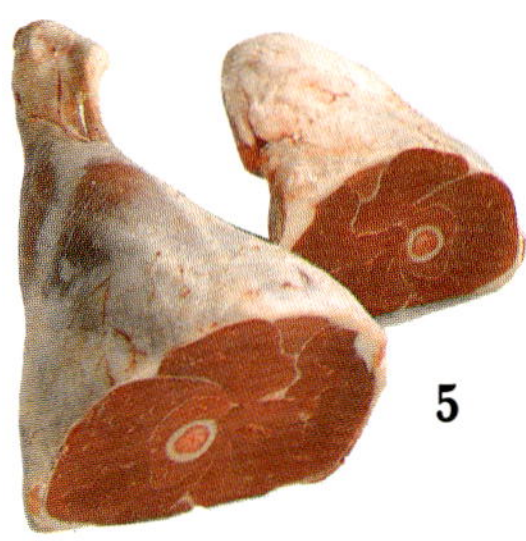
5

Las partes más importantes de la caza

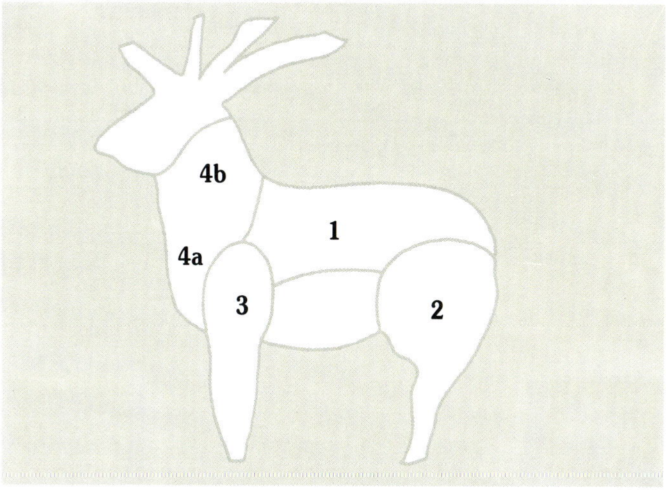

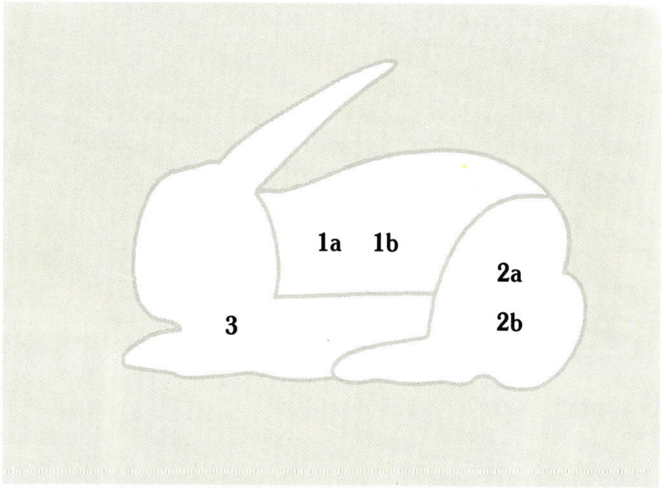

1

Silla de corzo
Trozo de primera que contiene los dos filetes, da un asado exquisito para 8 ó 10 personas. Para freír se corta en medallones o trocitos. Como la carne es muy magra, es aconsejable mecharla o cubrirla con tocino.

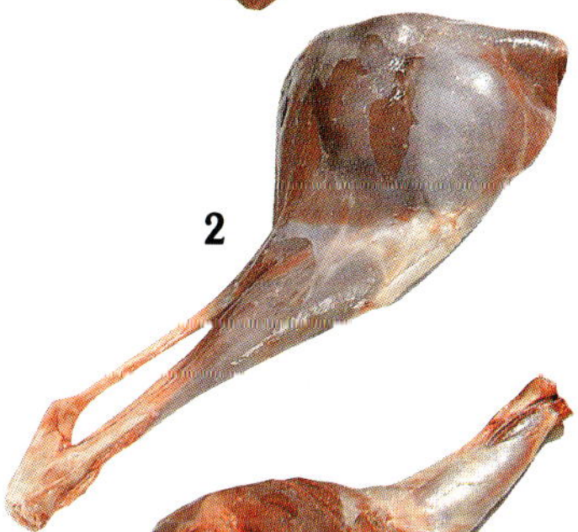
2

Pierna de corzo
La pierna de corzo es tierna y magra. Pesa unos 2½ kg y es suficiente para 10 personas. También puede trocearse, cortarse en lonchas o formar rollos.

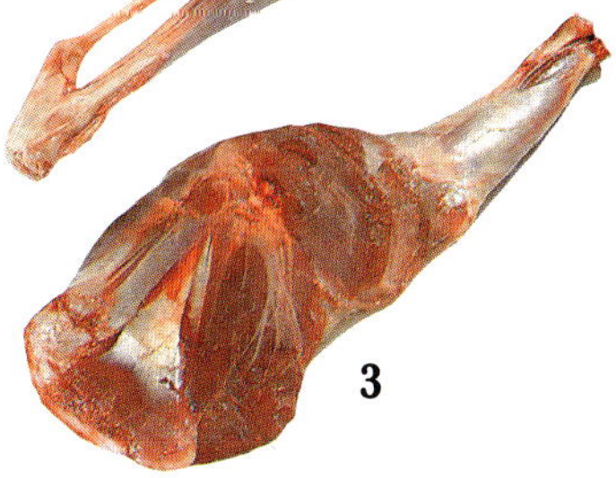
3

Paletilla de ciervo
Rara vez puede encontrarse entera, generalmente está deshuesada y cortada en trozos pequeños. La carne de las hembras puede utilizarse para asar. Los trozos de la espalda suelen guisarse generalmente.

4a

Pecho y costillar de ciervo
Estas carnes son buenas para guisar y muy indicadas para guisos de venado. Con esta carne pueden hacerse caldos y sopas de venado. Picado se utiliza para pasteles de carne.

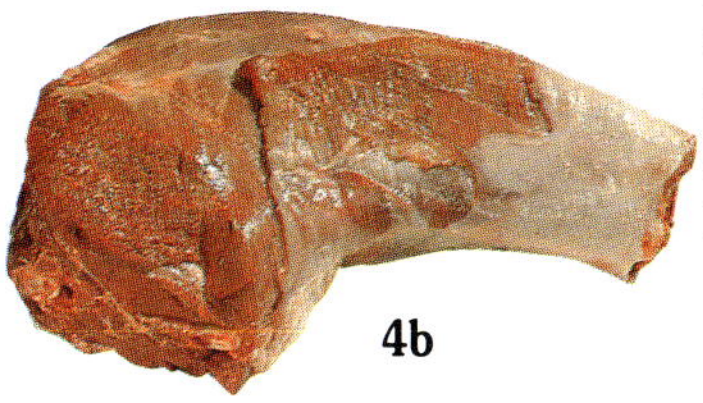
4b

Cuello de ciervo
El cuello de ciervo tiene un sabor muy fuerte y es muy indicado para platos guisados como venado a la pimienta, pero también para pasteles y terrinas de carne. Es preferible, sin embargo, utilizar carne de animales jóvenes.

1a

Silla de liebre
Este corte, como todas las partes del conejo, tiene que pelarse antes de adobarlo y cocinarlo. Desprenda la piel de los músculos con un cuchillo puntiagudo, dejando sólo la última lámina de piel fina.

1b

Silla y tiras abdominales de conejo
También la silla de conejo da un buen asado. Las tiras abdominales se separan, se trocean y se utilizan para la salsa. La carne del conejo silvestre es más oscura y tiene un sabor más fuerte que la del conejo doméstico.

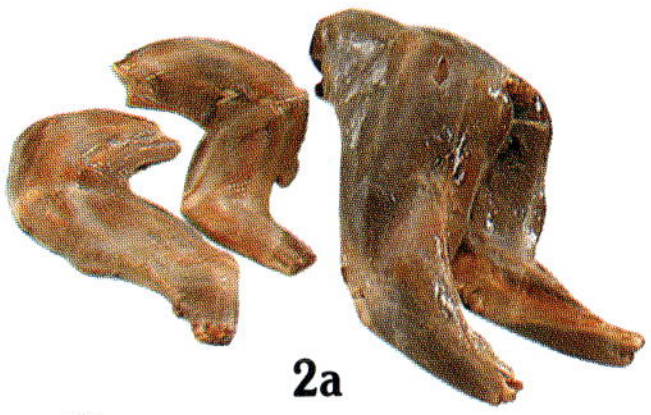
2a

Piernas de liebre
La forma más exquisita de prepararlas es el mechado. La carne de las liebres jóvenes es de color rojo claro; la de las viejas, rojo oscuro.

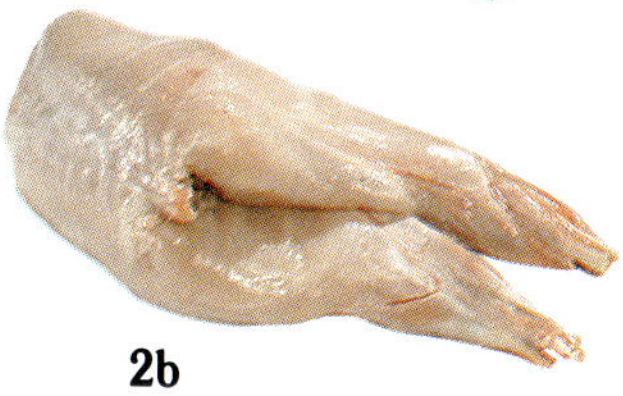
2b

Piernas traseras de conejo
Las piernas traseras del conejo se guisan de muchas formas. Son muy apropiadas para asar y estofar. La carne de los animales viejos debería adobarse y dejarse cocer más tiempo que la de los jóvenes.

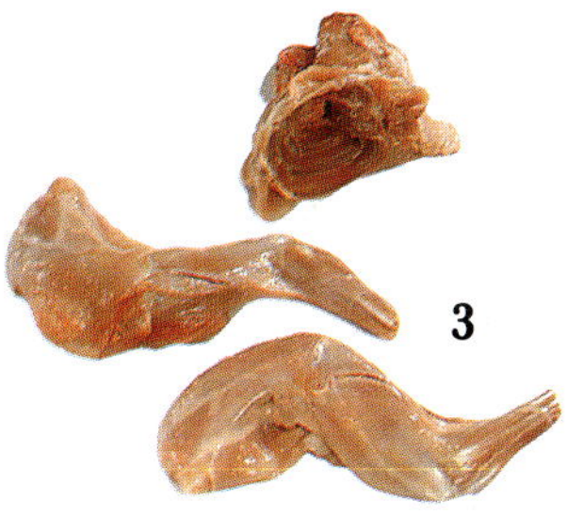
3

Piernas delanteras de conejo, cuello y espaldilla
Si despieza un conejo para asar o estofar, estas piezas pueden utilizarse para guisar o enriquecer una base para las salsas.

Los despojos más importantes

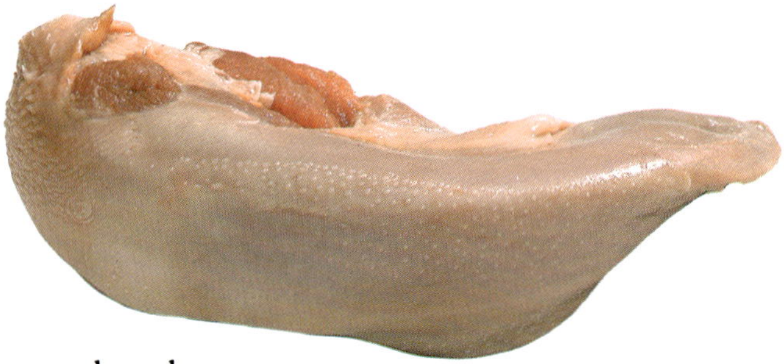

Lengua de cerdo
Una lengua de cerdo pesa unos 350 g y se vende entera, fresca o en salazón. Si la lengua está salada debe ponerse a remojar de 8 a 10 horas y a continuación cocerse sin sal, ya que tiene la sal propia de la salazón. Deberá cocer unos 40 minutos.

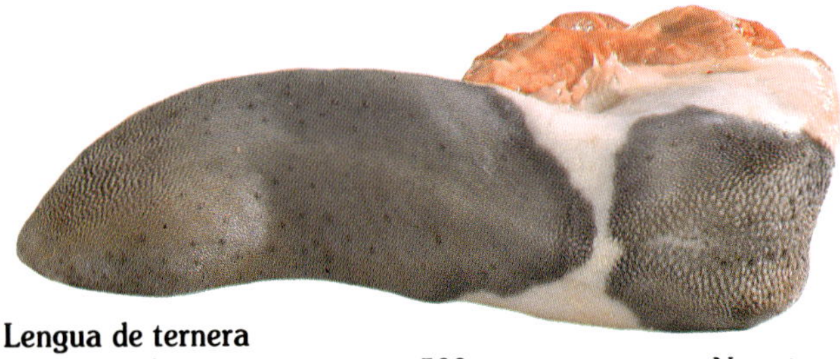

Lengua de ternera
La lengua de ternera pesa unos 500 g y es muy tierna. Necesita cocer alrededor de 1 hora.

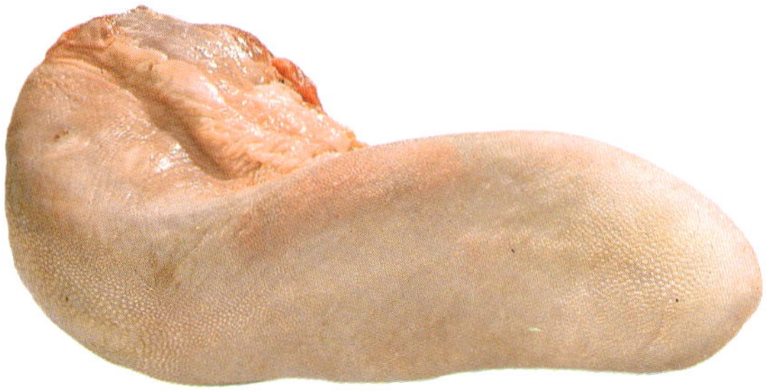

Lengua de buey
La lengua de buey pesa de 1 a 2½ kg y se vende generalmente fresca o en salazón. La lengua fresca deberá cocer unas 3 horas. Estará hecha cuando resulte fácil pinchar la punta. (Después de cocerlas, habrá que quitar la piel a todas las lenguas.)

Hígado de ternera
El hígado de ternera con su estructura fina, tiene una calidad excelente. No sale nunca el hígado antes de freírlo y no lo cueza en exceso, ya que se pondría duro.

Hígado de buey
El hígado de vaca tiene a veces un sabor ligeramente amargo y, por ello, deberá remojarse en leche 1 hora antes de prepararlo. El hígado de los animales jóvenes es de sabor más suave y más tierno. (En todos los casos hay que quitarles la piel y las venitas y membranas.)

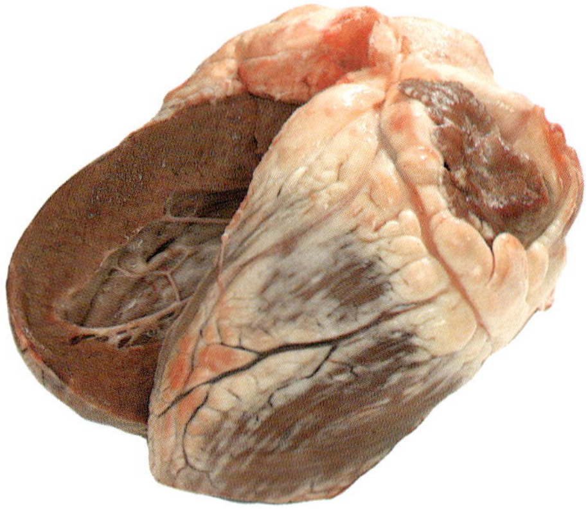

Corazón de buey
El corazón de buey pesa unos 2 kg y es de color marrón oscuro. Los guisos de corazón de animales jóvenes resultan muy sabrosos. Antes de cocinarlo hay que eliminar la sangre coagulada, los vasos sanguíneos y la grasa de la parte superior. Debe cocerse unas 2½ horas.

Corazón de ternera
El corazón de ternera, de color marrón claro, es magro, tierno y compacto, como buena carne muscular. Queda bien asado y también cortado en lonchas, asado a la parrilla o estofado. Según la forma de prepararlo, necesita de 35 a 60 minutos de cocción.

La relación del tamaño de los despojos fotografiados no corresponde a la realidad, lo que puede verse en los textos por los datos relativos al peso.

Muy importante:
Todos los despojos deberían prepararse el mismo día de su compra, ya que se estropean con mucha facilidad.

Riñón de ternera
El riñón de ternera pesa aproximadamente 250 g. Debe cortarse por la mitad horizontalmente, quitarle las pieles y los vasos y ponerlo a remojar 30 minutos antes de cocinarlo.

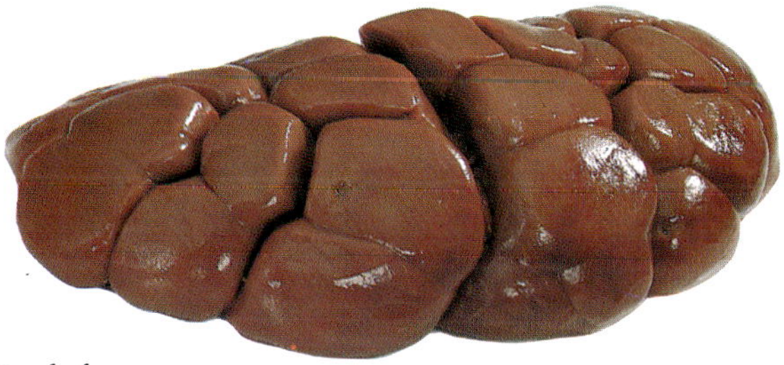

Riñón de buey
Pesa unos 500 g. Compuesto igual que el de ternera de varios lóbulos, se prepara como éste, dejándolo reposar en leche durante 40 minutos.

Riñón de cerdo
Se prepara como los demás riñones y se deja remojar 3 minutos en agua avinagrada. Fría las lonchas de riñón unos 4 minutos.

Bazo de buey
El bazo se tiene que raspar de la piel dura. Con él se preparan albóndigas para sopa o se utiliza para rellenos.

Mollejas de ternera
El timo, que controla el crecimiento de la ternera, se vende como mollejas de ternera. Pesa unos 300 g y se considera un plato exquisito. Antes de cocinarlo, tiene que estar en remojo hasta 2 horas, para que se desprendan todos los restos de sangre. A continuación se cuece en agua hirviendo a borbotones y pasados 10 minutos se le quita la piel.

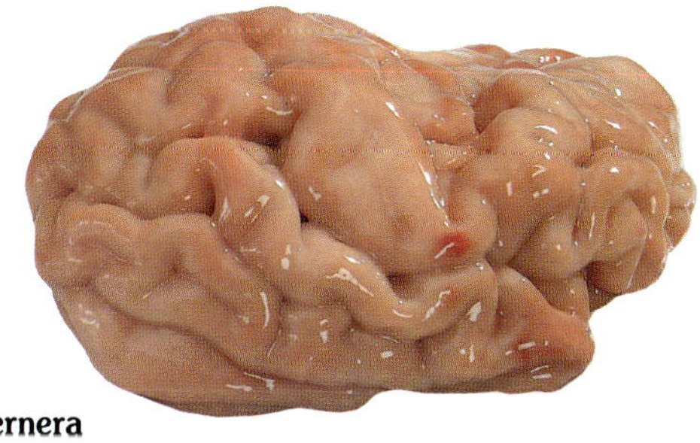

Sesos de ternera
Se considera un plato exquisito por su blanda consistencia. Se preparan y cocinan como las mollejas de ternera. Todas las recetas para mollejas y sesos son intercambiables entre sí.

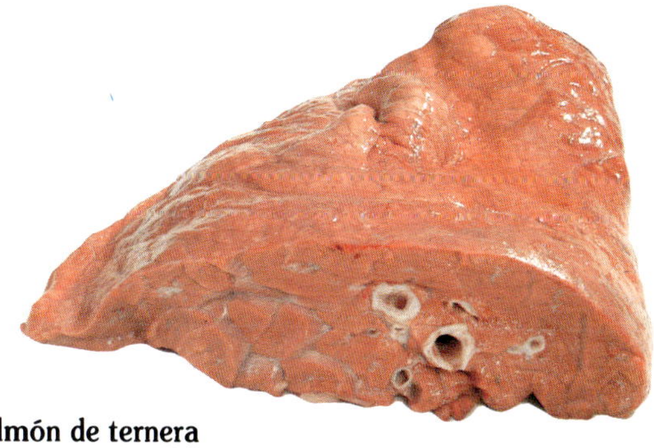

Pulmón de ternera
El pulmón de ternera pesa de 400 a 600 g. Se cuece preferentemente en un caldo especiado durante aproximadamente 1 hora, se prensa entre dos tablas, se corta en tiras y se cuece según la receta, generalmente salseado.

Callos
Los callos, también denominados mondongo, doblón o tripas, son el estómago de la ternera o el buey. Dado que su preparación requiere mucho tiempo y esfuerzo, lo mejor es comprarlos ya precocidos por el carnicero.

El índice del libro de la «A» a la «Z»

El índice del libro de la «A» a la «Z»

T

V

Los autores

Annette Wolter

Es una de las autoras de libros de cocina más prestigiosa del ámbito lingüístico alemán. Desde hace más de 20 años está entregada a la cocina y el cuidado del hogar, habiéndose dedicado a ellos ya en calidad de colaboradora de revistas para la mujer. Hoy, Annette Wolter es una experta reconocida en el campo de la cocina y los vinos. Autora de numerosos *best seller* en libros de cocina, ha sido premiada varias veces por la «Gastronomische Akademie Deutschlands» (Academia Gastronómica Alemana). Las recetas de sus libros muestran claramente el éxito de la combinación entre los refinamientos culinarios y la comida moderna y sana. Entre sus exitosos libros figuran *Kochen heute* (Cocinar hoy) y varios volúmenes de la serie «Cocina exquisita», algunos de ellos publicados en su versión castellana por Editorial Everest, S. A., como *El gran libro de la repostería, La cocina fría* y *Especialidades del mundo entero.*

Cornelia Adam

Ya desde pequeña en el hotel de sus padres tenía curiosidad por saber y aprendió a trabajar como ayudante en la bodega de vinos y en la cocina. Más tarde, se convirtió casi contra su voluntad en profesional del ramo hotelero, sacándolo sin embargo provecho, al aprender cada una de las lenguas de Inglaterra, Francia, España y Suiza, países donde tuvo que pasar temporadas por razones profesionales. Sobre todo le impresionaban las características culinarias de los diferentes países visitados. Con empeño y alegría la señora Adam descuidó la recepción y la facturación y se dedicó con preferencia a su amor por el tema comida y bebida. Más tarde pudo cambiar sus múltiples experiencias en la cocina experimental como estilista culinaria y como redactora de una conocida revista femenina en hechos, palabras e imágenes. Desde hace dos años trabaja por su cuenta como periodista culinaria y es autora de libros de cocina. Ha enriquecido el presente libro con recetas extraordinariamente exquisitas y refinadas.

Elke Alsen

Reunió una gran experiencia práctica como joven octrofóloga en las instituciones sociales más variadas y aprendió a alimentar a gente joven en condiciones no siempre favorables. Después pasó a formar parte de la redacción de cocina y bodega de una gran editorial hamburguesa, a la que dio un gran impulso dirigiendo la cocina experimental. Se trataba de encontrar recetas adecuadas para todos los temas imaginables, presentarlas ante la cámara muy fotogénicas y suministrar los textos a la redacción. Entretanto, la señora Alsen tiene marido e hijos, casa y jardín, perro y gato. Pero continuará siempre ejerciendo su profesión. Le gusta, por ejemplo, trabajar como estilista en estudios fotográficos de cocina o revela sus recetas favoritas en los libros de cocina ilustrados con fotos a color de la Editorial Gräfe und Unzer.

Marey Kurz

Procede de una familia germano-báltica. Desde hace más de 20 años cocina para su marido y sus hijos, esforzándose por hacer las comidas habituales lo más sabrosas posible. Sus propios problemas de salud motivaron a la señora Kurz para ocuparse cada vez más de las comidas integrales. La adaptación consecuente no sólo le proporcionó su propia salud, sino el reconocimiento entusiasta de toda la familia para la nueva forma de nutrición. Así, la señora Kurz escribió su primer libro, *Vollwertküche- schnell und leicht* (Cocina integral, rápida y fácil), y —animada por el éxito— poco después *Soja in der Vollwertküche* (La soja en la cocina integral), así como *Vollwertkost, die Kindern schmeckt* (La cocina integral que gusta a los niños). Para este libro nos proporcionó naturalmente sus mejores recetas integrales de carne.

Brigitta Stuber

Es una muniquesa auténtica y quiso convertirse sin rodeos directamente del colegio en esposa y madre. Este salto de trampolín la obligó a aprender por sí misma todo lo relacionado con la cocina y el cuidado del hogar. Sus artes culinarias inventadas por ella misma encontraron tal aceptación entre sus amistades, que todo el mundo le pedía las recetas. El redactor de una revista creó una columna expresamente para las recetas stuberianas, lo que, naturalmente, animó a la autora a realizar otros trabajos periodísticos. Y, como quiere hacer siempre todo al cien por cien, hizo un curso de meritoria en una redacción, trabajando durante años para revistas especializadas. Desde 1980 Brigitta Stuber es lectora de la Editorial Gräfe und Unzer. En este tomo dedicado a la «carne» ha colaborado también activamente.

Odette Teubner

Su futuro profesional estaba ya preprogramado desde pequeña —ya que creció en el fascinante mundo de un estudio fotográfico entre cámaras, proyectores, cocina experimental y cámaras oscuras—. Empezó el aprendizaje con su padre, el internacionalmente conocido fotógrafo culinario Christian Teubner, nada más terminar el colegio. Aunque Odette se convirtió en seguida en una ayuda insustituible para su padre, siguió el consejo de éste, de dedicarse algunos meses en Munich a la fotografía de moda, para evitar la exclusividad. Durante una estancia de varias semanas en Alaska fotografió con entusiasmo paisajes y animales. En la actualidad trabaja exclusivamente en el estudio para Fotografía de la Nutrición Teubner. En su tiempo libre se ha convertido en una apasionada retratista de niños —con su propio hijo como modelo.

La foto en color de la cubierta nos muestra un solomillo con queso azul (receta en la página 37).

«Cocinar mejor que nunca»

Aves
Las más incitantes maneras de cocinar aves de caza y de corral, con indicaciones sobre su compra, limpieza, trinchado y presentación

Pescado
Las más codiciadas maneras de cocinar pescados y mariscos, con indicaciones sobre su compra, limpieza, preparación y presentación.

Ensaladas
Los modos más delicados de preparar ensaladas, con indicaciones sobre su compra y presentación.

Carnes
Las más delicadas recetas para cocinar y servir las más diversas carnes, con indicaciones sobre su compra, trinchado y presentación.

Repostería
Las recetas más apetitosas para preparar pasteles, tartas, pastas y bollos, con indicaciones sobre su horneado y presentación.

Verduras
Las mejores maneras de cocinar y servir verduras, con indicaciones sobre su compra y preparación sin que pierdan su valor nutritivo.

Sopas y guisos
Las más atractivas maneras de cocinar y servir sopas, caldos, cremas, menestras, cocidos y guisos.

Postres
Las más sabrosas maneras de preparar y servir postres nuevos y tradicionales: helados, frutas, dulces, etc.

Pasta
Las más seductoras maneras de cocinar y servir todo tipo de pasta, con indicaciones sobre su compra, cocción y presentación.

Tentempiés y piscolabis
Las más ingeniosas maneras de preparar y presentar tapas, canapés, aperitivos y entremeses calientes o fríos.

Título original: *Fleisch*

Traducción: *ASEL, S. A. (Marta Caneda Schad)*

Carretera León-La Coruña, km 5 - LEÓN
ISBN: 84-241-2383-2
Depósito legal: LE. 973-1991
Printed in Spain - Impreso en España

EDITORIAL EVERGRÁFICAS, S. A.
Carretera León-La Coruña, km 5
LEÓN (España)